COMPRENDRE L'UNIVERS ÉCONOMIQUE ET JURIDIQUE DES ACTIVITÉS PÉTROLIÈRES AU SÉNÉGAL

Une fenêtre ouverte sur le monde

Dr Pape Mamadou TOURÉ

COMPRENDRE L'UNIVERS ÉCONOMIQUE ET JURIDIQUE DES ACTIVITÉS PÉTROLIÈRES AU SÉNÉGAL

Une fenêtre ouverte sur le monde

L'Harmattan Sénégal

10 VDN, Sicap Amitié 3, Lotissement Cité Police, DAKAR

Direction@senharmattan.com
librairie@senlibrairie.com

ISBN : 978-2-336-43439-1
EAN : 9782336434391

ACRONYMES

ADPME	Agence de développement et d'encadrement des petites et moyennes entreprises (Sénégal)
AGC	Agence de gestion et de coopération entre le Sénégal et la Guinée-Bissau
ANSD	Agence nationale de la statistique et de la démographie (Sénégal)
ASP	Association sénégalaise des pétroliers (Sénégal)
ASPP	Association sénégalaise des professionnels du pétrole (Sénégal)
BBP	Blue Barrel Petrol
BEP	Baril équivalent pétrole
BM	Banque mondiale
BNDE	Banque nationale pour le développement économique (Sénégal)
BP	British Petroleum
CAAF	Fondation canadienne pour l'audit et la responsabilisation
CAPEX	Capital Expenditures
CC 2018	Comité consultatif 2018 pour le Plan Sénégal Émergent (Sénégal)

CCSRP	Collège de contrôle et de surveillance des revenus pétroliers (Banque mondiale au Tchad)
CDC	Caisse des dépôts et des consignations (Sénégal)
COS-PETROGAZ	Comité stratégique pour le pétrole et le gaz (Sénégal)
CPTF	Communauté des partenaires techniques et financiers
CRPP	Contrat de recherche et de partage de production
CEDEAO	Communauté économique des États de l'Afrique de l'Ouest
CNH	Comité national des hydrocarbures (Sénégal)
FPSO	Floating Production Storage and Offloading
FBCF	Formation brute de capital fixe
FLNG	Floating liquefied natural gas
FONGIP	Fonds de garantie d'investissement prioritaire
FONSIS	Fonds souverain d'investissements stratégiques (Sénégal)
FSIPP	Fonds de sécurisation des importations des produits pétroliers (Sénégal)
GES-PETROGAS	Unité d'exécution et de gestion du Comité d'orientation stratégique du pétrole et du gaz (Sénégal)

GPL	Gaz de pétrole liquéfié (Sénégal)
GPP	Groupement professionnel de l'industrie du pétrole (Sénégal)
IDH	Indice de développement humain
IFP	Institut français du pétrole
IFRI	Institut français des relations internationales
IMP	Initiative pour les matières premières (Union européenne)
INPG	Institut national pour le pétrole et le gaz (Sénégal)
IPIECA	International Petroleum Industry Environmental Conservation Association
IRIS	Institut des relations internationales et stratégiques (Paris)
IRED	Initiative régionale pour l'énergie durable (UEMOA)
IRR	Initiative à résultats rapides
KPI	Key Performance Indicator
LPDSE	Lettre de politique de développement du secteur de l'Énergie (Sénégal)
MARPOL	Marine Pollution
MGW	Méga Watt
MRR	Méthode par les résultats rapides
MSGBC	Bassin Mauritanie–Sénégal–Gambie–Bissau–Conakry
NMP	Nouveau management public

NWE	North West Europe (marché produits pétroliers)
OCDE	Organisation de coopération et de développement économiques
OMC	Organisation mondiale du commerce
OMVS	Organisation pour la mise en valeur du fleuve Sénégal
OPEP	Organisation des pays exportateurs de pétrole
ONES	Ordre national des experts du Sénégal
OPEP +	Organisation des pays exportateurs de pétrole plus Russie
OPOL	The Offshore Pollution Liability Association Ltd
PAGE	Partnership for Action on Green Economy
PAP	Programme d'actions prioritaires
PEEC	Politique sur l'efficacité énergétique (CEDEAO)
PERC	Politique en matière d'énergies renouvelables (CEDEAO)
PETROSEN	Société des pétroles du Sénégal
PIB	Produit intérieur brut
PPA	Parité pouvoir d'achat
PPBS	Planning Programming Budgeting System
PSE	Plan Sénégal Émergent
PSE	Prélèvement de soutien à l'énergie (Sénégal)

PwC	PricewaterhouseCoopers
PIB	Produit intérieur brut
PME	Petite et moyenne entreprise
PNUD	Programme des Nations unies pour le développement
PPA	Parité pouvoir d'achat
RCB	Rationalisation des choix budgétaires
RMSP	Raw Materials Supply Group (UE)
RNB	Revenu national brut
SPA	Sales Purchase Agreement
SAR	Société africaine de raffinage
SENELEC	Société nationale d'électricité (Sénégal)
SIGIF	Système intégré de gestion de l'information financière (Sénégal)
SCA	Stratégie de croissance accélérée (Sénégal)
SMHPM	Société mauritanienne des hydrocarbures et de patrimoine minier
SPAR	Single Point Anchor Reservoir (plateforme pétrolière)
TCF	Trillion Cubic Feet (mesure gaz)
TEP	Tonne d'équivalent pétrole
TLP	Tension-leg Platform
TPE	Très petite entreprise
UA	Union africaine
UE	Union européenne

UEMOA Union économique et monétaire ouest-africaine

WTI West Texas Intermediate (pétrole américain)

Préface

Le Sénégal s'apprête en 2024 à produire son premier baril de pétrole après avoir intégré en 2022 le Forum des pays exportateurs de gaz (Gas Exporting Countries Forum – GECF).

Ce succès de la politique pétrolière du pays vient de loin, depuis les premières campagnes d'explorations pétrolières des années 1950 de la période coloniale, en passant par la construction dans les années 1960 de la raffinerie sénégalaise, la relance des activités d'exploration dans les années 1970-1977 par la Compagnie des pétroles Total Afrique de l'Ouest (COPETAO), puis aboutissant à la création de Petrosen en 1981.

Ces patients efforts de la poursuite de la promotion du bassin sédimentaire sénégalais furent récompensés par les découvertes majeures en 2014 et 2016 des premiers gisements significatifs offshore, annoncés des décennies plus tôt par les petits gisements de gaz découverts à Diamniadio en 1987 et 1993 (DN14), puis à Gadiaga en 1997, dont les productions ont été affectées à des fins de consommation industrielle et de production d'électricité locale.

Des étapes transitoires avaient au préalable lancé l'aventure des perspectives offshore en 1967 avec la découverte de gisements offshore du dôme Flore et du Dôme Gea, au large de la Casamance, constitués d'huile lourde.

Ils firent l'objet d'un accord d'exploitation entre le Sénégal et la Guinée-Bissau, tout en continuant d'alimenter des controverses au sein de l'opinion publique de ce pays voisin qui dès 1977, contestait le tracé de ses frontières maritimes avec le Sénégal.

Les prétentions de la Guinée-Bissau furent rejetées par le tribunal arbitral constitué dans le cadre d'une procédure d'arbitrage, aboutissant à une sentence favorable au Sénégal en 1989 (sentence du 31 juillet 1989), ainsi que par la Cour internationale de justice en 1991 (arrêt du 12 novembre 1991), saisie par la Guinée-Bissau, d'une requête introductive d'instance portant concurremment sur l'inexistence et la nullité de la sentence de 1989.

Néanmoins, les deux pays trouvèrent la maturité nécessaire pour conclure un compromis minimum et surmonter ainsi leurs divergences, tout en envisageant un futur pétrolier commun, aussi bien dans le cadre d'un partenariat institutionnel bilatéral que dans le cadre d'une adhésion à une initiative multilatérale découlant du forum MSGBC, forum annuel de promotion du bassin sédimentaire pétrolier s'étendant depuis la Mauritanie à la Guinée-Conakry en passant par le Sénégal, la Gambie et la Guinée-Bissau.

Un tel forum annuel professionnel facilite la mutualisation des retours d'expériences des pays en matière d'exploration pétrolière et de développement de partenariats avec des investisseurs et opérateurs privés internationaux. Il transmet aussi les bonnes informations sur les dernières actualités des développements scientifiques, technologiques et logistiques de l'industrie pétrolière internationale.

Ce forum ouest-africain pétrolier prend progressivement ses marques et devient un des grands rendez-vous internationaux de l'agenda des pétroliers africains et de leurs partenaires internationaux.

Il devient une plateforme d'échanges, contribuant à asseoir la perspective de hub pétrolier du Sénégal pour la sous-région, voulue par le gouvernement du Sénégal.

C'est cette passionnante aventure de l'expérience pétrolière sénégalaise que ce livre retrace, en mettant en relief les contrats pétroliers dénommés CRPP ou « contrats de recherche et de partage de production », tout en analysant diverses données macro-économiques du Sénégal, articulées à la stratégie du PSE – Plan Sénégal Émergent – dans le domaine stratégique de l'énergie du sous-segment du pétrole.

Il apparait au fil des développements de ce livre que la consécration actuelle de la stratégie pétrolière du Sénégal est le résultat d'une vision stratégique de longue date, d'une ténacité et d'une résilience des divers régimes politiques qui se sont succédé depuis les indépendances.

Le consensus politique national sur l'avenir pétrolier du Sénégal s'appuie sur les divers retours d'expériences mitigés du pétrole en Afrique, faisant redouter la fameuse malédiction du pétrole à l'origine de tant de crises politiques dans divers pays africains du fait d'une compétition politique des acteurs politiques pour contrôler le pouvoir, capter ses ressources financières et notamment sa rente pétrolière afin de renforcer quelques stratégies politiques clientélistes.

Ce livre traite également de la question du « syndrome du mal hollandais », le versant économique de la malédiction du pétrole, découlant des pertes de compétitivité des secteurs traditionnels non pétroliers du fait d'une inflation ou d'une hausse généralisée des salaires et du renforcement des inégalités socio-économiques avec le secteur de l'informel, désormais appelé avec emphase « *secteur de l'économie sociale et solidaire* ».

Ce livre permet d'ouvrir une fenêtre sur le monde international complexe de l'univers pétrolier en mettant en scène, tel un tableau d'ombres chinoises, divers acteurs aux profils économiques, politiques, sociaux parfois très opposés, depuis les juniors, pétroliers indépendants comme Kosmos Energy, Cairn Energy[1], Woodside, FAR, PetroTim, spécialisés dans les risques très incertains de l'aventure de l'exploration pétrolière, jusqu'aux majors, sociétés multinationales comme BP, Total, ayant les budgets colossaux nécessaires pour le développement et l'exploitation des gisements découverts dont ils peuvent évaluer avec plus de certitudes le potentiel des réserves, ce qui n'est pas sans parfois poser un problème d'asymétrie d'informations stratégiques avec les pouvoirs publics.

Cet ouvrage donne également quelques codes pour comprendre la façon dont le business du pétrole est structuré, depuis l'amont jusqu'à l'aval, en posant quelques questions sur le « contenu local » ou l'impact des activités pétrolières offshore sur le développement du secteur privé.

Il est écrit à la fois de manière simple mais précise pour comprendre les évolutions et les choix stratégiques de la politique publique pétrolière du Sénégal. Il est utile à toute personne s'intéressant au pétrole en général et aux débuts de l'expérience du Sénégal en particulier.

Il est le premier ouvrage d'une trilogie et il anticipe de quelques semaines la parution d'un deuxième ouvrage, à paraître prochainement, publié par les éditions Vérone de Paris, consacré à l'intelligence économique et à la gouvernance pétrolière, retraçant l'exploitation pétrolière

[1] Cairn Energé basée à Édimbourg, au Royaume-Uni est appelée Capricorn Energy depuis le 31 décembre 2021.

sénégalaise dans le cadre d'une étude de gouvernance internationale et mettant en œuvre des instruments spéciaux de prise de décision stratégique et d'évaluation des politiques publiques.

Nous donnons dès à présent rendez-vous à nos lecteurs pour ce deuxième ouvrage, tout en leur souhaitant grand plaisir à découvrir ce présent livre qu'ils ont entre les mains, en espérant qu'ils prendront autant de plaisir à le lire que nous en avons eu à le concevoir et à le rédiger.

Dakar, le 6 décembre 2023

Docteur Pape Mamadou Touré

Docteur expert maritime agréé, inscrit au tableau de l'Ordre National des Experts du Sénégal (ONES), section cargaison.

- Docteur en régulation internationale du pétrole et gaz
- Spécialiste du pétrole et des cargaisons maritimes ;
- Expert diplômé en commerce international, en intelligence économique ;
- Expert diplômé en assurance, transport maritime, géopolitique, diplomatie, droit des affaires ;
- Mandataire judiciaire auprès des tribunaux du Sénégal ;
- Arbitre agréé au Centre d'arbitrage, de médiation et de conciliation de Dakar ;
- Consultant en stratégie et organisation ;
- Conférencier ;
- Écrivain ;
- Enseignant de master de l'Enseignement supérieur au Sénégal.

Dédicace

Nous dédions ce livre, *in memoriam*, à nos père et mère, à nos frères et sœurs, notre épouse et nos enfants, notre grande famille TOURÉ, SOW, nos amis, nos maîtres et condisciples, nos camarades de l'action militante, nos confrères et consœurs de l'ONES, aux décideurs publics et privés du pétrole et du gaz, aux professionnels qui nous ont accompagné dans l'édition de cet ouvrage, aux lecteurs qui nous font l'honneur et le bonheur de découvrir nos travaux.

À vous tous, je vous présente mes infinis remerciements car au-delà du fait d'être une aventure personnelle, le pari d'écrire dans l'environnement socioculturel africain constitue à la fois un challenge personnel, familial voire social, mais aussi, une formidable occasion de contribution à la consolidation des savoirs et des expériences dans les divers domaines de la théorie et de l'action scientifique, économique et sociale, notamment dans les secteurs stratégiques de l'énergie et du pétrole.

Introduction : la nouvelle émergence de l'Afrique sur le marché pétrolier international

Le pétrole demeure une matière première stratégique pour l'économie mondiale en dépit des annonces régulièrement faites depuis plusieurs décennies de l'atteinte d'un pic pétrolier[2] mondial et de la prochaine fin de l'ère du pétrole comme combustible de base de l'économie industrielle internationale.[3]

Cependant, les nouvelles techniques d'extraction du pétrole de *fracking*, ou pétrole de roche, en Amérique du Nord, permettent d'obtenir du pétrole dit « non conventionnel » ou *shale oil* par les procédés de fracturation de la roche mère ou des sables bitumineux. Elles ont obligé à relativiser ledit concept de pic pétrolier et en outre, ont relancé la production américaine du pétrole et du gaz de schiste en mettant sur le marché mondial des

[2]Article du 23 janvier 2020 de Bruno Classens : « Mais où est passé le pic pétrolier ? », in https://www.revolution-energetique.com/mais-ou-est-passe-le-pic-petrolier/.
La notion a été inventée par le géophysicien américain Marion King Hubbert en 1956, lors d'une conférence à l'Institut américain du pétrole. Il faisait référence à un plafonnement de la production américaine de pétrole aux alentours de 1970 (pic de Hubbert, prenant l'allure d'une courbe de Gauss) avant qu'elle ne commence à décroître. En 1998, une étude du journal *Scientific American* annonçait la fin du pétrole peu cher, « *End of cheap* ».

[3] Voir dossier de 2005 de Didier Houssin : « Vers la fin du pétrole ? », in Cairn. file:///C:/Users/HP.000/Downloads/ETU_035_0463.pdf

quantités de pétrole supplémentaires en sus des productions de l'OPEP.[4]

Ce gaz et ce pétrole de schiste sont en train de changer les bases de la réalité géopolitique mondiale classique en ce que les États-Unis, devenus premier producteur mondial de pétrole, sont à nouveau des exportateurs d'hydrocarbures, ce qui les rend beaucoup moins sensibles et dépendants de l'OPEP ainsi que des sources traditionnelles d'approvisionnement du Proche Orient, notamment celles d'Arabie saoudite.

Cette abondance de l'offre internationale joue naturellement sur les cours pétroliers mondiaux structurellement orientés à la baisse en raison de la stratégie de mix énergétique[5] adoptée par la plupart des grands pays industriels et surtout en raison de la part grandissante des énergies renouvelables et de la surproduction des membres de l'OPEP[6], qui sont en concurrence également avec la Russie, un autre grand producteur pétrolier et gazier et un important acteur du marché pétrolier et gazier. Les spécialistes considèrent qu'avec le pétrole non conventionnel américain, « l'OPEP a perdu son pouvoir de fixer les prix du pétrole »[7]. Les majors Exxon, Chevron,

[4] La production américaine en 2020 est de 13,2 millions de barils par jour contre 5 millions en 2010, dépassant la production d'Arabie saoudite.

[5] La stratégie de mix énergétique combine les énergies nucléaires, fossiles, dérivées du charbon et du pétrole, l'énergie solaire, éolienne, hydroélectrique, géothermique.

[6] Voir article de la revue *Usine Nouvelle* du 20 mars 2020, « Pourquoi la Russie a relancé la guerre des prix du pétrole ? », in https://www.usinenouvelle.com/article/pourquoi-la-russie-a-relance-la-guerre-des-prix-du-petrole.N939231

[7] *Les Echos*, article 2020 de Vincent Collen : « Pourquoi les compagnies pétrolières rechignent toujours à investir », in https://www.lesechos.fr/industrie-services/energie-

Shell et BP ont augmenté leurs budgets d'investissements ou CAPEX (investissements opérationnels) pour le développement du pétrole de schiste dans le bassin permien au Texas et au Nouveau-Mexique.

Cette tendance se combine à un lent déclin des forages pétroliers terrestres que corroborent la chute de la production de pétrole conventionnel et la faiblesse des nouvelles découvertes de réserves pétrolières et gazières de classe mondiale dont la moitié a été faite en Afrique dans l'offshore maritime.

Ce continent, en dépit de la faiblesse de sa production représentant 8 % de la production mondiale, du fait de la faiblesse de sa consommation intérieure, a libéré un important volume d'exportations de ses champs pétroliers offshore et continentaux. Il est devenu un acteur de classe mondiale et représente une destination importante pour les stratégies d'exploration[8] mises en œuvre à la fois par les sociétés juniors, c'est-à-dire les entreprises produisant moins de 200 000 barils par jour telles que les sociétés Kosmos Energy, Tullow Oil, FAR Ltd, Cairn Energy. L'Afrique intéresse également certaines multinationales[9] privées ou d'État.

---

environnement/pourquoi-les-compagnies-petrolieres-rechignent-toujours-a-investir-1169026

[8] IFRI, note de Benjamin Augé, 2018 : « L'exploration et l'exploitation pétrolière en Afrique depuis 2014 », in https://www.ifri.org/sites/default/files/atoms/files/auge_exploration_production_petroliere_afrique_2018_v3.pdf

[9] Cas des multinationales BP, ENI, Total, à propos de l'exploration offshore en Afrique. Au Sénégal, on note la présence dans l'offshore de BP et Total.

Citons parmi les multinationales d'État :

- les compagnies chinoise CNOP, SINOPEC, CNOOC, intervenant au Soudan, au Mozambique, au Nigéria, en Ouganda ;

Cette redécouverte de l'Afrique par les investissements directs étrangers, dont l'exploitation des premiers gisements pétroliers exploités remonte aux années 1950 et 1960, est dictée par les besoins énergétiques immenses découlant des fortes croissances économiques chinoise et indienne exigeant toujours plus de ressources pétrolières et gazières. L'intérêt pour l'Afrique est également dicté par le souci de diversification des approvisionnements occidentaux en raison de l'instabilité et des crises du Moyen Orient.

La stratégie des sociétés pétrolières juniors consiste pour l'essentiel dans le choix d'investissements risqués dans le domaine de la prospection de blocs maritimes offshore et de revente spéculative, à terme, de leurs parts dans les montages pétroliers constitués par des sociétés nationales dans le cadre de joint-ventures, une fois les découvertes de nouvelles réserves offshore réalisées et prouvées.

Ces juniors passent alors le relai à des multinationales pour les activités de développement et d'exploitation des champs pétroliers et gaziers découverts, et ils réalisent au passage de formidables plus-values à même d'exercer un effet de levier sur leurs portefeuilles d'activités offshore.[10]

- la société indienne Oil and Natural Gas Corporation Ltd (ONGC) est présente au Mozambique et en Namibie ;
- la société malaisienne Petronas se développe en Afrique du Sud, au Tchad, en Mauritanie et en Gambie ;
- la société indonésienne Pertamina a vu le déclin de ses activités en Lybie et au Soudan, initiées en 2005 et 2007, avant de racheter en 2017 les activités de la société française Maurel et Prom, très ancienne en Afrique ;
- la société brésilienne Petrobras, ayant des investissements en Angola, a dû vendre ses actifs à la suite du scandale retentissant de ses activités au Brésil.

[10] Senenews, juillet 2020 : « Rebondissement : chamboulement autour du pétrole sénégalais entre Woodside, Cairn et Lukoil », in

Quant aux sociétés russes Gazprom et Rosnet et Lukoil, elles développent des portefeuilles d'activités en Algérie, au Cameroun, en Égypte et au Sénégal.

Enfin, une firme indépendante comme l'australienne Woodside, qui sans avoir la taille des majors n'en reste pas moins importante, a signé son retour en Afrique sur le champ gazier Grand Tortue Ahmeyim de la zone maritime sénégalo-mauritanienne.

Soulignons également la nouvelle tendance des grands traders tels que Glencore et Vitol à investir dans l'exploration offshore.

Ce dynamisme[11] se reflète dans les zones traditionnelles de l'activité pétrolière que sont l'Algérie, l'Égypte, le Nigéria, l'Angola, le Sud-Soudan, le Gabon, le Congo, la Guinée équatoriale, mais aussi dans de nouvelles destinations en Afrique Centrale et de l'Ouest, telles que le Tchad, le Cameroun, le Ghana, la Côte d'Ivoire, la Gambie, la Mauritanie et le Sénégal. Ce pays est le dernier venu sur la scène africaine pétrolière et il a l'avantage d'une économie déjà diversifiée. En outre, il peut tirer profit des expériences antérieures d'autre pays africains pour mettre en place sans trop de précipitation une stratégie cohérente et équilibrée de développement de ses ressources pétrolières et gazières.

Nous étudierons tout au long de nos développements la problématique liée aux enjeux et perspectives découlant de l'intensité capitalistique pétrolière, des accords de partenariat internationaux au Sénégal, au regard de leur adaptation au cadre de référence conceptuel et doctrinaire ainsi que socio-économique.

---

https://www.senenews.com/actualites/rebondissement-chamboulement-autour-du-petrole-senegalais-entre-woodside-cairn-et-lukoil_321349.html

[11] PWC 2019, étude Oil et Gas de l'Afrique : « Les hydrocarbures en Afrique. Une industrie qui anticipe son avenir », in https://www.pwc.fr/fr/publications/afrique/africa-oil-and-gas-review.html

PREMIÈRE PARTIE

LE CADRE CONCEPTUEL ET DE RÉFÉRENCE

Comprendre les arcanes du monde pétrolier, ses montages juridiques, ses difficultés opérationnelles, n'est jamais une chose aisée tant la matière pétrolière met en œuvre différentes disciplines que sont les connaissances de base de pétrochimie, de géophysique, l'analyse juridique, financière, la réflexion socio-économique, la compréhension des enjeux de l'économie industrielle, la maîtrise de la structuration du commerce international, l'organisation logistique, le management de la préservation de l'environnement et de l'intégrité des personnes, l'anticipation des risques sécuritaires, l'analyse de géopolitique et de prospective.

Nous entreprenons ainsi une réflexion de stratégie globale et ferons appel aux cadres doctrinaires et méthodologiques classiques pour mener à bien notre réflexion dans cette première partie relative au cadre conceptuel et de référence. Il s'agit d'organiser l'analyse à travers une cohérence permettant de comprendre plus facilement les enjeux et perspectives des accords internationaux. Ce thème constitue la problématique centrale de notre étude qui s'efforcera de contextualiser les problèmes identifiés dans l'espace socio-économique et culturel du Sénégal.

Ainsi, notre première partie portera sur les deux axes suivants :

- Chapitre 1 : Le cadre méthodologique général
- Chapitre 2 : Le paradoxe de l'abondance ou le « syndrome du mal hollandais », un mythe ou une réalité ?

Nous pouvons à présent entrer dans le vif du sujet et entreprendre cette odyssée dans le monde discret et complexe des affaires pétrolières qui pendant encore longtemps occuperont les dirigeants politiques et économiques de ce monde dont les progrès gigantesques de l'industrie sont en liaison avec l'économie pétrolière.

Chapitre I

Le cadre méthodologique général

Nous nous attacherons à étudier dans ce chapitre l'intérêt suscité auprès des opérateurs pétroliers internationaux, par la découverte des réserves pétrolières et gazières au Sénégal.

Nous aborderons également les problématiques que suscite la mise en œuvre des contrats de recherche et de partage de production, en passant en revue la méthodologie.

Section I. L'intérêt de l'étude

Le contexte récent du développement de l'exploration offshore en Afrique nous permet de comprendre l'intérêt suscité par le Sénégal, jouissant d'une très bonne réputation sur le plan de sa stabilité politique et de sa démocratie fort ancienne.

À cela s'ajoute une expertise de ce pays dans la pétrochimie, avec l'existence d'une société nationale de raffinage créée depuis soixante ans, ainsi que la présence d'une société nationale pétrolière chargée du développement des activités d'exploration offshore et terrestre du bassin sédimentaire ouest-africain.

La société Petrosen créée en 1981 a hérité des résultats des campagnes sismiques offshore plus anciennes, remontant aux années 1950, ayant permis la constitution d'une importante banque de données de l'exploration offshore et la mise sur le marché de nouveaux blocs pétroliers offshore dans le cadre d'une procédure d'appel d'offres international.

Quelques découvertes assez modestes avaient été faites à la fin des années 1960 au large de la Casamance[12], à la frontière des eaux de la Guinée-Bissau. Plus tard, en 1997, un petit gisement gazier terrestre découvert dans la zone de Gadiaga, dans la région de Thiès, située à une cinquantaine de kilomètres de Dakar, fut exclusivement affecté à l'exploitation d'énergie électrique par la société américaine Fortesa pour les besoins de la société nationale d'électricité (Senelec).

Les importantes découvertes pétrolières et gazières interviendront pour leur part à partir de 2014 à une centaine de kilomètres au large de Dakar et à la frontière maritime de la Mauritanie.[13]

Le Sénégal semble ainsi devenir un acteur pétrolier reconnu et ce pays n'est plus une *terra incognita*. Des

---

[12] Des réserves d'huile lourde d'un potentiel de 100 millions de tonnes ont été découvertes en 1968 dans la zone maritime du Dôme Flore, au large de la région septentrionale du Sénégal, la Casamance, dans un bloc maritime à cheval entre le Sénégal et la Guinée-Bissau. Voir article de 1978 d'Oumar Dia : « Recherche et possibilités pétrolières du Sénégal », in *Éthiopiques* n° 13, revue socialiste de culture négro-africaine, 1978 : http://ethiopiques.refer.sn/spip.php?page=imprimer-article&id_article=452

[13] *ECOFIN hebdo*, article du 23 octobre 2019 d'Olivier de Souza : « Les futurs grands eldorados africains du gaz (première partie) : cas du Sénégal », in https://www.agenceecofin.com/hebdop3/2310-70380-les-futurs-grands-eldorados-africains-du-gaz-premiere-partie-cas-du-senegal

forums internationaux se tiennent régulièrement à Dakar[14] qui ambitionne de devenir un hub pétrolier régional. Le Forum de Dakar est ainsi inscrit à l'agenda des grands opérateurs pétroliers africains dans le domaine des activités onshore et offshore.

L'intérêt porté au Sénégal récompense une stratégie cohérente, stable et ancienne des différents régimes politiques qui se sont succédé à la tête de l'État du Sénégal depuis son indépendance en 1960.

Le Président sénégalais Macky Sall fut ainsi désigné en 2019 par les milieux d'affaires pétroliers africains comme homme de l'année pour les efforts faits pour l'attractivité du Sénégal en tant que place pétrolière africaine reconnue.[15] Ainsi, le président d'Africa Oil & Power, M. Guillaume Doane, indiquait à ce propos que :

« *Grâce au leadership du Président Macky Sall, le Sénégal est un excellent exemple d'un pays qui réussit dans le domaine de l'énergie en créant un environnement propice au succès des entreprises, en attirant d'énormes investissements internationaux et en fournissant des capacités pour la production locale d'électricité, l'industrie et le développement en aval.* »

C'est exactement ce que reprenait l'ancien secrétaire permanent du Comité d'orientation stratégique pour le pétrole et le gaz (Cos-Petrogaz), M. Ousmane Ndiaye : « *Grâce au formidable leadership de S. E. le Président*

---

[14] Sommet du MSGBC de janvier 2020 sur les situations d'évolution des connaissances du potentiel du bassin sédimentaire commun à la Mauritanie, au Sénégal, à la Gambie, aux Guinées Bissau et Conakry.

[15] « Africa Oil & Power 2019 : le Sénégal et son président à l'honneur », in https://www.lemondedelenergie.com/senegal-macky-sall-petrole-cap/2019/08/22/

Macky Sall, le Sénégal est maintenant reconnu comme un marché de l'énergie bien établi et une destination d'investissement. Grâce à cette nouvelle dynamique d'investissement, nous nous réjouissons de travailler avec Africa Oil & Power pour positionner le Sénégal dans une nouvelle ère de projets et de prospérité. »

Cet intérêt économique international justifie donc largement le choix du sujet consacré aux partenariat international dans les activités pétrolières afin de mieux comprendre les dynamiques qui animent les perspectives économiques locales à la lumière du contexte mondial, local, des transactions internationales et des accords de partenariats stratégiques conclus par le Sénégal dans les domaines pétrolier et gazier.

Section II. La présentation de la méthodologie

Paragraphe I. L'identification générale de grandes difficultés

Nous nous efforcerons d'analyser, tout au long de nos développements, la problématique centrale des enjeux et perspectives de l'activité pétrolière offshore telle que mise en œuvre par les partenariats avec les entreprises étrangères et quelques grandes multinationales.

Nous traiterons ainsi les défis de la maîtrise de la technologie, de la compétence locale disponible, de la qualité de la gouvernance (éthique, transparence, lutte contre la corruption, équilibre des contrats), de la sécurité, de la stabilité politique et de la préservation de l'environnement.

Le sujet capte l'attention de divers secteurs de la société sénégalaise et se résume comme suit :

- une estimation à propos de l'exploitation de 30 ans des gisements SNE et Grand Tortue, de revenus totaux[16] de 150 milliards US $ et des dépenses de près de 60 milliards $ US ;
- une prévision d'accélération de la mise en œuvre des objectifs gouvernementaux découlant du plan d'actions prioritaires issu du Plan Sénégal Émergent dans le cadre de la stratégie publique « *fast track* » ;
- un bouleversement probable important de la structure de l'économie sénégalaise dont la croissance moyenne est de 6 % au cours des cinq dernières années, mais surtout des impacts majeurs à anticiper sur la structure des recettes publiques locales ;
- un espoir important nourri par le secteur privé national d'être associé à la transformation structurelle de l'économie et surtout de bénéficier des retombées de l'exploitation pétrolière dans le cadre de la stratégie dite du « contenu local » des activités pétrolières offshore ;
- une exigence forte « d'inclusion sociale » émanant des syndicats et des ONG du secteur associatif.

Bref, toute la société sénégalaise attend avec impatience le miracle économique des prochaines décennies.

---

[16] Voir conclusion du document PETROSEN à la page 14 : « Perspectives de production pétrolière et gazière » présenté lors de la Concertation Nationale du 12 juin 2018 sur la Répartition des Revenus Pétroliers et Gaziers et sur le Contenu Local.

Paragraphe II. Le plan

Nous analyserons ces différentes perspectives au cours de nos développements ultérieurs à travers le plan suivant.

La première partie sera consacrée à l'analyse du contexte économique et à la stratégie des acteurs qui sera déclinée en quatre chapitres :

- les cadres conceptuels et de référence ;
- le paradoxe de l'abondance ou le « syndrome du mal hollandais », un mythe ou une réalité ?

Quant à la deuxième, elle traitera du cadre de référence économique :

- le pilotage stratégique global de l'économie sénégalaise ;
- la contribution économique des secteurs pétroliers et énergétiques, ainsi que le rôle des intervenants.

Enfin, la troisième partie sera relative aux enjeux et perspectives qui seront traités en quatre chapitres également :

- attractivité, fiabilité opérationnelle et optimisation des gains pour l'économie sénégalaise ;
- le renforcement de la coopération interétatique et du partenariat public-privé à travers le développement de l'offshore ;
- l'exigence d'équité à travers le juste partage des revenus pétroliers entre les opérateurs pétroliers et l'État ;
- les retours d'expériences profitables au Sénégal.

En somme, les deux premières parties aborderont les défis à travers l'analyse de cadres conceptuels et de contextes économiques tandis que la troisième partie traitera les enjeux et perspectives.

Paragraphe III. Les hypothèses de travail

Nous posons les hypothèses suivantes pour nos développements ultérieurs :

1- Les cours internationaux du pétrole ne descendront pas en dessous de 25 dollars, faute de quoi la viabilité des projets offshore pourrait être sérieusement compromise.[17]
2- La reprise post-covid-19 est durablement maintenue.
3- Les plans de développement de l'exploitation offshore sont réalisés conformément aux échéanciers prévisionnels sous réserve de quelques ajustements mineurs.
4- Les contrats de partage de production sont respectés par les partenaires.
5- Les joint-ventures demeurent stables et se poursuivent indépendamment de tout retrait d'opérateur procédant à une cession d'actifs à un repreneur fiable et compétent.
6- Le consensus social est maintenu au sujet du contenu local des activités offshore et de son approche redistributive.
7- Les aspects environnementaux de l'exploitation sont suffisamment maîtrisés par les opérateurs.
8- Le risque sécuritaire au Sénégal demeure faible.
9- Le Sénégal et la Mauritanie maintiennent leur partenariat stratégique.
10- Le Sénégal devient un hub pétrolier régional attractif.
11- Les investissements de modernisation de la Société africaine de raffinage sont réalisés pour le traitement

[17] Voir article *Usine Nouvelle*, 2020 : « L'effet massue d'un baril à 30 dollars sur les investissements des pétroliers », in https://www.usinenouvelle.com/article/l-effet-massue-d-un-baril-a-30-dollars-sur-les-investissements-des-petroliers.N944606

du brut offshore ou, à défaut, une nouvelle raffinerie est créée.

12- Le Sénégal choisit l'option du trading international pour le négoce de ses quotas.

13- Les garanties juridiques et financières sont effectives et efficaces.

14- Un système d'audit pour la certification des coûts permet de garantir la sincérité de l'exécution des contrats de partage de production.

Paragraphe IV. Le champ de l'analyse

Le présent sujet est limité à la partie offshore (exploration et exploitation : *upstream*) et ne comprendra qu'un très bref survol du *middlestream* (transport du pétrole brut) et du *downstream* (raffinage, distribution) dans le cadre de la présentation générale de l'écosystème pétrolier.

Ce focus sur les activités d'amont réside dans le fait que les problématiques de l'offshore sont tout à fait nouvelles au Sénégal et beaucoup plus stratégiques pour le décollage économique du pays, ou plutôt pour son émergence, aux horizons de l'année 2035, selon le terme consacré.

Les problématiques de l'aval sont quant à elles plus traditionnelles et se rapportent aux problèmes classiques des entraves à la concurrence, aux limites de la régulation, aux difficultés de libéralisation de l'approvisionnement international, à la rigidité de la structure des prix et aux atteintes environnementales par les activités onshore.

Elles sont tout à fait spécifiques et mériteraient de faire l'objet d'une réflexion autonome, étrangère à ce présent livre. Nous mènerons ainsi nos réflexions dans le cadre théorique et opérationnel suivant.

A. Le cadre théorique

Il sera essentiellement abordé dans certains de nos développements de la première partie :

- la revue des principes généraux régissant le « nouveau management public » ;
- l'analyse de la régulation locale portant sur la présentation des codes pétrolier et gazier, de la loi sur le contenu local et son benchmark sur le plan international ;
- la présentation des grandes normes environnementales ;
- la mise en relief du système des nouvelles normes de transparence issues de l'initiative pour la transparence dans les industries extractives qui seront transposées à l'activité offshore et des autres normes internationales ;
- l'appréciation des attributions directes de blocs offshore par l'autorité publique, soit sur la base d'un choix discrétionnaire, soit à partir de procédures de gré à gré ;
- l'étude du dispositif des appels d'offres internationaux ;
- l'évaluation du régime de la concession, des CRPP (les contrats de recherche et de partage de production, les régimes mixtes).

B. Le cadre opérationnel

Ce dispositif hybride d'administration publique et de régulation contractuelle autonome analysera dans la deuxième partie de nos développements divers aspects processuels tels que :

- le dispositif des contrats et les exigences d'équilibre et d'équité ;

- les méthodes d'audit pour garantir l'exécution de bonne foi des contrats dans le cadre de l'analyse des grandes rubriques d'investissement et ainsi authentifier les données des productions offshore ;
- l'accord sénégalo-mauritanien sur le partage de la production avec les opérateurs offshore et le principe de solidarité des parties ;
- la présentation du cadre des opérations logistiques et le transfert de technologie ;
- les garanties juridiques et financières des activités offshore pour la maîtrise du risque environnemental ;
- les perspectives de la prospection de nouveaux blocs offshore, le développement de la formation et de l'expertise locales, le transfert de technologie et le développement du trading.

L'objectif de cette prévision normative est d'anticiper les difficultés opérationnelles avant l'entrée en exploitation des unités offshore en 2024. Nous analyserons également dans la deuxième partie les retours d'expériences et les bonnes pratiques de l'offshore international qui pourraient constituer un cadre de référence de la surveillance des opérateurs pétroliers par les autorités publiques.

Paragraphe V. Les méthodes d'investigation

Nos méthodes d'investigation, quant à elles, se sont basées sur les aspects suivants :

- une revue de littérature sur les grandes problématiques de l'offshore international ;
- une revue de presse des articles spécialisés sur l'exploration offshore au Sénégal ;
- une étude du cadre local légal et contractuel ;

- une évaluation des recommandations formulées par le Conseil économiques, social et environnemental ;
- un décryptage des méthodes classiques d'audit en matière de contrôle des coûts opératoires de l'offshore ;
- une présentation des données statistiques de l'Agence nationale de la statistique et de la démographie du Sénégal ;
- un benchmark avec les expériences dans certains pays africains ;
- une enquête sur les processus logistiques de l'exploration et de l'exploitation des fonds sous-marins ;
- une analyse des comptes-rendus et recommandations des forums nationaux et internationaux sur l'offshore au Sénégal ;
- une synthèse des entretiens directs menés avec certains responsables nationaux publics et privés de l'offshore ou de leurs interviews recueillis par la presse spécialisée ;
- une étude des grands sinistres survenus dans l'offshore ;
- une mise en perspective des études environnementales relatives à l'impact socio-économique des campagnes sismiques et de l'exploitation pétrolière en haute mer ;
- une appréciation des *best practices* de l'industrie pétrolière internationale ;
- une évaluation des grandes recommandations au sujet des processus administratifs, financiers, techniques, encadrant le secteur de l'*upstream* ;
- une analyse des codes pétroliers 1998, 2018, et de la loi 2019 sur le contenu local ;
- une étude des contrats de recherche et de partage de production ;

- une analyse de l'Accord de coopération inter-États Sénégal-Mauritanie ;
- une étude des données d'exploitation offshore de Petrosen ;
- une étude de données du MSGBC bassin (bassin sédimentaire ouest-africain) ;
- une analyse des budgets d'investissements des opérateurs offshore soumis au Cos-Petrogaz ;
- une étude des mécanismes de trading, notamment de l'accord d'achat de production offshore de BP.

Étudions à présent la question du paradoxe de l'abondance et de la malédiction du pétrole. Quel est l'état de la question ?

Chapitre II

Le paradoxe de l'abondance, mythe ou réalité ?

Il est discuté depuis des décennies par les experts économique du thème récurrent de la malédiction du pétrole (« *resource curse* »), du « paradoxe de l'abondance »[18], ou de sa traduction économique, la « *Duch disease* »[19], ou le

---

[18] L'expression « paradoxe de l'abondance » a été utilisée pour désigner des pays riches en matières premières mais avec des populations pauvres. Voir article de Gilles Carbonnier (2013) : « La malédiction des ressources naturelles et ses antidotes », in https://cairninfo/revue-internationale-et- stratégique -2023-3- page-38.htm

[19] - Warner Max Corden, James Peter Neary (1982), « *Booming sector and deindustrialization in a small open economy* », *Economic Journal*, vol. 92, december.

- Richard Auty (1990), *Resource-Based Industrialization: Sowing the Oil in Eight, Developing Countries*, Clarendon Press, Oxford.
- Jeffrey D. Sachs, and Andrew Warner (1995), « *Economic reform and the process of global integration* », *Brookings Papers on Economic Activity*, n° 1, pp. 1-118.
- Terry Lynn Karl (1997), *The paradox of plenty: Oil Booms and Petro states*, Berkeley,
University of California, Press.
- Alberto F. Ades, et Rafael di Tella (1999), « *Rents, Competition and Corruption* », in *American Economic Review*, n° 89, pp. 982-993.
- Xavier Sala-i-Martin, and Arvind Subramanian (2003), « *Addressing the Natural Resource*
Curse: An Illustration from Nigeria », *NBER Working Paper*.

syndrome du « mal hollandais », consistant en la perte de compétitivité de l'économie du fait d'une surliquidité issue de la rente pétrolière aboutissant à de l'inflation et à un déséquilibre de la balance des paiement.[20] Elle aboutirait à une croissance déséquilibrée.

Les autorités sénégalaises veulent retenir les erreurs de la malédiction du pétrole constatées ailleurs en Afrique et dans le monde. Ainsi appellent-elles à une rationalisation de la gouvernance publique et privée dans le cadre de la réforme du Code pétrolier, de l'institution d'un nouveau Code gazier, et à la mise en œuvre d'une large stratégie de concertation sociale des différents acteurs professionnels et sociaux. Il s'agit d'une stratégie d'anticipation du risque de la malédiction du pétrole.

En quoi consiste-t-il vraiment ? Est-ce un mythe ou une réalité ?

Section 1. La définition théorique du syndrome du « mal hollandais » ou de « la malédiction des matières premières »

Commençons par définir le syndrome du « mal hollandais » qui est une expression inventée par le

---

- Paul Collier et Anke Hoeffler (2004), « *Greed and grievance in civil war* », in https://pages.nyu.edu/debraj/Courses/Readings/CollierHoeffler.pdf.

[20] Voir un vieil article de 1987, toujours d'actualité, d'Abdelkader Sid Ahmed, « Du "Dutch disease" à l'"OPEP disease". Quelques considérations théoriques autour de l'industrialisation des pays », in https://www.persee.fr/doc/tiers_0040-7356_1987_num_28_112_4541

Voir article de Jean-Philippe Koutassila : « Le syndrome hollandais : théorie et vérification empirique au Congo et au Cameroun », in https://core.ac.uk/download/pdf/7359033.pdf

magazine *The Economist*[21] en 1977 à propos de l'étrange situation économique de la Hollande, qui se traduisait par une forte récession interne combinée à un très important excédent des avoirs extérieurs de près de 2 milliards de dollars par an sur la période de 1972 à 1976, alors qu'auparavant, sur la période 1967 à 1971, le déficit annuel du commerce extérieur était de 130 millions de dollars.

Ce paradoxe fut attribué à la perte de compétitivité de ce pays dans les années 1970 suivant le premier choc pétrolier, en raison de la surévaluation du taux de change réel du florin hollandais. Cette perte de la compétitivité monétaire était ainsi liée à l'afflux de devises, créant une surchauffe économique et de l'inflation à cause d'une rente financière massive consécutive aux exportations de gaz issu de l'exploitation des gisements gaziers Slochteren, de la province de Groningen, découverts en 1959. La situation macro-économique de la Hollande se caractérisait par une stagnation de la production industrielle hors gaz, une chute de l'investissement privé, une augmentation du chômage et une baisse des exportations hors gaz, confrontées à un problème de compétitivité.

En Australie, on a parlé des « effets adverses » du « *booming* secteur » ayant entraîné selon l'économiste Gregory[22] des changements structurels dans l'économie

---

[21] *The Economist*, parution de 1977, pp. 82-83.

[22] - Robert George Gregory (1976), « *Some implications of the growth mineral sector* », *Australian Jounal of the Agricultural Economics*, 20, août.
in https://onlinelibrary.wiley.com/doi/abs/10.1111/j.1467-8489.1976.tb00178.x
- Bastien Alex, Stéphane Tchung-Ming, « Le syndrome hollandais à l'épreuve des prix bas du pétrole : de la faillite économique aux recompositions (géo)politiques », sur Cairn.info le 12 décembre 2016. https://doi.org/10.3917/ris.104.0069
- Marie-Pierre Arzelier (2016), « Les modèles de syndrome hollandais. Analyse et perspectives de recherche », in Presses de l'IFPO,

australienne du fait d'un déclin relatif de l'industrie manufacturière traditionnelle, hors industrie extractive.

Citons également la situation de la Grande-Bretagne avec l'exploitation des gisements de la mer du Nord au début des années 1980, qui s'est également accompagnée d'une vague de fermetures des mines anglaises à l'origine de conflits sociaux très durs sous le gouvernement du Premier ministre Margaret Thatcher.

D'une façon générale, l'expression « mal hollandais » désigne les situations économiques où une rente financière casse le dynamisme des autres secteurs soit à cause du laxisme des politiques budgétaires découlant d'une perte de vigilance de l'État sur la conduite macro-économique, qui ne se préoccuperait plus de la diversification de l'économie et se satisferait de sa rente pétrolière et gazière, soit plus simplement à cause d'une politique sociale clientéliste, d'affectation massive des revenus pétroliers dans le cadre de subventions publiques massives ou autres dépenses improductives.

Dans un grand nombre de pays africains, le secteur de l'industrie extractive des matières premières ou de l'exploitation pétrolière n'entretient aucune relation stratégique avec le reste de l'économie nationale. Il constitue une enclave industrielle et n'assure pas au reste de l'économie l'impulsion nécessaire à sa transformation structurelle. Les économies africaines se retrouvent alors dans une situation où l'agriculture reste peu développée, de même que les secteurs secondaire et tertiaire. On est loin de la fameuse règle de l'intégration économique globale

publications de l'Institut français du Proche-Orient. https://books.openedition.org/ifpo/9552?lang=fr

connue sous le vocable d'« interdépendance des secteurs » développée par l'économiste Wassily Leontief[23].

L'analyse du syndrome hollandais ne met pas uniquement en relief la question de fortes disponibilités monétaires mais s'interroge également sur les perturbations associées à l'extrême dépendance de l'économie concernée à la rente gazière ou pétrolière. Celle-ci, en effet, subit de plein fouet les contrecoups des retournements d'un cycle haussier des matières premières car les pouvoirs publics ne font plus l'effort du développement et de la diversification de l'économie.[24]

Max Corden[25], un économiste australien distingue ainsi une mobilité au sein de trois secteurs :

- un premier qui est celui en croissance ;
- un deuxième étant le secteur manufacturier en retard, producteur de biens commercialisables à l'exportation ;
- et un dernier secteur des biens non commercialisables sur le plan international étant celui du commerce de détail, de la construction et de l'aide aux personnes.

Cet auteur, constatant leurs conséquences, a développé la théorie des effets de réallocation découlant de la mobilité de la main-d'œuvre du secteur retardataire des biens commercialisables vers le secteur extractif, en développement et à forte rentabilité.

---

[23] Wassily Leontief a reçu le prix Nobel d'économie en 1973 et il est le théoricien de l'analyse interindustrielle et des tableaux des échanges interindustriels (TES), ou tableaux entrées-sorties.

[24] Bastien Alex, Stéphane Tchung-Ming, « Le syndrome hollandais à l'épreuve des prix bas du pétrole : de la faillite économique aux recompositions (géo)politiques », *op. cit.*

[25] W. Max Corden and J. Peter Neary and J P op cit – p 42

Pour notre part, nous pointons le risque d'assèchement des ressources financières locales dans les phases d'investissement du secteur pétrolier par l'effet de concentration des disponibilités monétaires vers le secteur en croissance, lorsque le financement de l'activité offshore est assuré par le système bancaire local.

Ce qui est à craindre, c'est l'effet de siphonage des ressources du système bancaire local en phase d'investissement et une hausse des taux d'intérêt bancaires.

Revenons à Corden pour dire en conclusion qu'il constate les effets négatifs de l'afflux de ressources sur l'économie, notamment l'inflation. Il fait donc référence à ce double mouvement, un *resource movment effect* (effet de réallocation de ressources) et un *spending effect* (effet de dépense), c'est-à-dire un effet de déplacement de main-d'œuvre vers le secteur compétitif et un effet de revenus provoquant une hausse générale des prix suite à l'augmentation du pouvoir d'achat des agents économiques.

Le syndrome du « mal hollandais » se définirait donc comme la situation où apparait un risque de désindustrialisation mais également toute autre perturbation économique liée à l'effet du secteur dominant.

L'inflation par augmentation de la demande est provoquée par la hausse des revenus liée à l'augmentation des salaires des fonctionnaires, de l'effet boule de neige sur le secteur privé, de l'augmentation massive de la commande publique et de la réalisation de différents grands travaux d'infrastructures qui dans certains cas sont de véritables « éléphants blancs »[26]. Cette augmentation du

---

[26] Il s'agit d'infrastructures de prestige sans grand impact économique, très coûteuses, voire ruineuses, pour le Trésor public national et dont

coût du facteur travail, si elle ne se combine pas à une baisse proportionnelle du coût de l'énergie, entraîne en l'absence d'une augmentation de la productivité une hausse des coûts de production des sociétés du secteur manufacturier traditionnel et donc provoque une baisse de la compétitivité à l'exportation, mais également sur le marché national, face à la compétitivité de produits étrangers en provenance d'une économie plus stable.

Bref, l'idée de fond est que le *boom* des matières premières exerce une pression à la baisse sur les exportations autres que les productions extractives, conduisant ainsi à une « désindustrialisation » ou à une baisse des exportations agricoles (d'où le néologisme « désagriculturisation »).

Section II. Les manifestations du phénomène

Les risques traditionnellement associés à la malédiction du pétrole sont :

- l'hypertrophie du rôle économique de l'État sur toutes les autres activités économiques nationales ;
- le développement de la corruption et sa persistance à un niveau endémique ;
- l'explosion du clientélisme et « une sur-rétribution des groupes politiques et sociaux[27] pour acheter la paix sociale » ;
- l'installation de tendances et d'une spirale inflationnistes qui entretiennent les revendications

l'entretien constitue de lourdes charges supportées par les finances publiques.

[27] Louis-Marie Philippot (2008), « Rente naturelle et composition des dépenses publiques », in https://www.cairn-revue.info- revue- reflets-et- perspectives-de- la-vie-economique2008-4-page-49.htm

salariales et les hausses de prix, rognant le pouvoir d'achat des populations pauvres.

L'économiste indien Jagdish Bhagwati parle dans un autre contexte de « croissance appauvrissante »[28].

D'une façon générale, les économistes tirent de la malédiction du pétrole ou de la théorie du « mal hollandais » un principe plus moral qu'économique, à savoir, que la rente des matières premières produit des

---

[28] Jagdish Bhagwati est un économiste indo-américain connu pour ses travaux en faveur de la globalisation, de la mondialisation heureuse et du développement du libre-échange. Il rapporte dans son célèbre article de 1958 la nécessité pour les pays, plutôt que de se fermer au commerce international par des mesures protectionnistes, de corriger les distorsions de l'ouverture au commerce international qui engendrent une croissance appauvrissante (la production agricole ou extractive augmente mais le pouvoir d'achat des consommateurs recule).
Ce phénomène découlerait parfois de la spécialisation appauvrissante des pays dans la production d'un bien contribuant à l'augmentation de la production mondiale qui provoquerait en retour une détérioration des termes de l'échange sur les marchés internationaux du fait de la surproduction de l'offre par rapport à la demande. Cela engendrerait en retour une baisse de revenus non compensée par la production marginale exportée, et en définitive, impacterait le niveau de vie global du pays exportateur concerné. Baghwati considère néanmoins que seule la croissance économique peut faire reculer la pauvreté dans un pays.
On est dans le cas classique d'une contradiction entre l'offre et la demande que l'on voit assez souvent sur les marchés pétroliers internationaux. Pour compenser les baisses de prix, les États producteurs augmentent leurs productions qui détériorent à nouveau les cours internationaux, d'où la politique de l'OPEP de défense des prix par une politique de quotas entre grands exportateurs, sauf que la Russie et l'Arabie saoudite peuvent ne pas avoir la même stratégie, sans parler du nouveau rôle des États-Unis avec le pétrole non conventionnel. C'est un problème traditionnel de détérioration des termes de l'échange que l'économiste argentin Raul Prebisch avait déjà analysé dans les années 1940 dans sa distinction entre le centre, producteur de biens manufacturés, et la périphérie, spécialisée dans la production de matières premières, qui subit la politique de bas prix que lui impose le centre, et qui l'écarte de la chaîne de valeur.

effets pervers et aboutit à une croissance économique plus lente que celle des pays dépourvus de matières premières. Elle renvoie à l'idée traditionnelle que « l'argent facile facilite la paresse ».

Cependant, il n'est pas toujours statistiquement établi un rapport de causalité directe entre une augmentation des recettes d'exportations liées aux *boom* des matières premières du secteur d'expansion rapide, le taux de change réel de la monnaie nationale et l'évolution du secteur retardataire, d'autant que la monnaie dans la zone franc CFA entretient un taux de change fixe avec l'euro.

Cependant, sur le plan politique, divers exemples nous indiquent à suffisance que la volonté d'accaparement des ressources naturelles est à l'origine ou entretient un grand nombre de conflits de plus ou moins grande intensité, plus spécifiquement s'agissant du pétrole.[29] D'autres pays, sans

---

[29] Voir Roland Pourtier et Géraud Magrin (2005), « L'exploitation pétrolière en Afrique entre réseaux et territoires », in https://agritrop.cirad.fr/532526/1/document_532526.pdf

Voir influence du pétrole dans les origines de divers conflits :

- la récente tension (août 2020) entre la Turquie et la Grèce à propos de l'exploration pétrolière et gazière en Méditerranée sur une partie du plateau continental grec soupçonné d'être riche en gisements hydrocarbures, contestée par la Turquie ;
- la deuxième guerre d'Irak de 2003 a un fondement pétrolier évident alimenté par les lobby pétroliers américains ;
- la longue guerre civile du Sud-Soudan, prend sa source dans la volonté des belligérants de contrôler des gisements pétroliers du Sud ;
- en Lybie, la guerre civile entre le gouvernement officiel de Tripoli (ouest) de Faïez Sarraj (chef du gouvernement d'un « accord national ») et le maréchal Khalifa Haftar, commandant l'ANL (armée nationale libyenne), est liée au contrôle du Croissant pétrolier, principale plateforme d'exportation du pétrole brut libyen ;

être en guerre, subissent les conséquences directes de la malédiction du pétrole. Citons à ce sujet deux grands exemples, le Venezuela et l'Iran. Dans le premier cas on note qu'en dépit de ses réserves de pétrole considérées comme les plus importantes au monde, le Venezuela[30] voit sa situation économique s'effondrer sans qu'aucun signe d'une évolution positive soit perceptible à l'horizon. Quant à l'Iran, depuis sa révolution théologique de 1979, ce pays est incessamment en butte soit à des conflits extérieurs, soit à des troubles intérieurs qu'accentue l'embargo américain sur son pétrole du fait de l'interdiction par le gouvernement américain de l'utilisation du dollar pour les transactions internationales iraniennes. Là encore on ne sait pas exactement si c'est vraiment le pétrole qui est la cause du problème ou s'il s'agit d'une cause plus politique qui même

---

- au Nigéria, les causes manifestes du conflit liées au pétrole dans :
    - la guerre du Biafra des années 1967-1970 ;
    - les troubles dans la région du delta du Niger ;
- le conflit de 1993 entre Nigéria et Cameroun à propos de la presqu'île de Bakassi pour l'exploration des ressources pétrolières et gazières ;
- au Tchad, il est suspecté l'éviction du président Hissein Habré après la guerre civile suite au recours au consortium anglo-saxon Exxon-Shell–Chevron pour l'exploitation des gisements de Doba. Elf est intégrée au consortium après le changement de régime, à la chute de Habré ;
- au Congo, la guerre civile de la décennie 1990 met en relief une implication de la société pétrolière Elf dans l'équipement militaire des deux belligérants ;
- en Angola, le conflit militaire de plus de vingt-cinq ans entre MPLA et UNITA a été alimenté par les matières premières locales, notamment par les redevances pétrolières versées par les compagnies américaines au gouvernement angolais dirigé par le MPLA.

[30] Yves Besançon (2016), « Le Venezuela au bord du précipice », in http://www.madinin-art.net/levenezuela-au-bord-du-precipice/ ou l'Humanité 27 Septembre 2016

en l'absence de matière première aurait de toute façon conduit aux mêmes troubles sociaux.

Heureusement, les exemples de la Norvège, de l'Australie, de l'Indonésie permettent de penser qu'une politique économique efficace peut conduire à de meilleurs résultats ainsi qu'à une croissance économique et sociale durable. La situation économique au Ghana ne semble pas pour le moment faire apparaître une réalisation de cette prophétie.

L'espoir est donc permis pour le Sénégal qui veut s'appuyer sur les opportunités de la mondialisation pour transformer significativement la structure de son économie en continuant la diversification de son industrie et le développement de ses infrastructures.

Il est également possible de maîtriser cette surliquidité de la rente pétrolière en la neutralisant par le placement de ses avoirs sur des fonds d'investissement internationaux et en les excluant du budget national. Il s'agit pour l'État rentier d'investir en placements financiers et industriels plutôt que de faire de nouvelles dépenses non directement productives, tout en continuant à maintenir le même train de vie sobre et à diversifier son économie. Cependant, nous reconnaissons qu'il est plus facile de le dire que de le faire.

Nos réflexions ultérieures tenteront de répondre à la question suivante : quels sont les défis, les enjeux et les perspectives des partenariats internationaux ? Sont-ils indifférents du contexte local ou doivent-ils s'y adapter ?

L'étude du contexte pétrolier offshore et de la stratégie renvoie à l'étude d'un écosystème stratégique de l'économie sénégalaise même en l'absence d'une exploitation pétrolière et gazière offshore dont les débuts sont prévus pour le milieu de l'année 2024. Elle permet d'avoir une analyse de surplomb, un *overlook* de l'économie locale du secteur énergétique et du sous-secteur pétrolier et de ses grandes stratégies.

Elle nous offre aussi l'opportunité d'analyser les dynamiques structurelles qui animent ce secteur pétrolier global dans ses trois segments : *upstream*, *middlestream* et *downstream*.[31]

Nous aurons surtout l'occasion de mieux comprendre l'architecture institutionnelle de ce secteur, de mettre en relief les difficultés rencontrées et de rapporter les défis que tente de relever la stratégie des pouvoirs publics à l'effet d'atteindre les objectifs de la bonne gouvernance, de la transparence, de l'inclusion globale et de la stabilité politique.

Notons que le défi de la rationalisation de la gouvernance est au cœur des principes du nouveau management du secteur public que la Banque mondiale et le Fonds monétaire international encouragent un peu partout dans le monde. Ils constituent des avantages comparatifs pour les pays dont la saine et efficace gestion des finances publiques est citée en exemple par ces partenaires au développement. Ils permettent en outre de créer un climat des affaires propice à l'attractivité du pays et à l'accueil des investissements directs étrangers.

Un des objectifs fondamentaux du Sénégal est d'améliorer sa place dans le classement des organismes internationaux tels que l'ancien classement Doing Business de la Banque Mondiale et celui de Transparency International ou alors de maintenir la bonne évaluation de ses résultats par « l'Initiative pour la transparence dans les industries extractives ».

---

[31] Il s'agit de l'amont, de l'aval et du secteur intermédiaire. Ce dernier comprend le transport, le stockage et la commercialisation en gros des produits pétroliers bruts ou raffinés.

Bref, cet aspect décisif de sécurité juridique et économique de l'environnement des affaires est crucial dans le secteur des investissements offshore, particulièrement importants.

Nous étudierons ainsi ces défis dans un cadre conceptuel local issu de la régulation mais également à l'aune des principes généraux universels d'éthique et de gestion régissant les gouvernements d'entreprise à l'échelle internationale.

Il est important de signaler l'engagement des sièges de grandes multinationales cotées en bourse. Elles sont en effet très soucieuses du respect, par leurs filiales, des règles régissant la lutte contre la corruption. Cette exigence est liée à leurs législations nationales très contraignantes, comportant des règles d'extra-territorialité, pour sanctionner les actes délictueux commis à l'étranger par leurs représentants locaux. Cela vise plus particulièrement le risque de corruption de fonctionnaires à l'étranger.

Nous étudierons ainsi dans notre deuxième partie consacrée aux cadres de référence économiques nationaux à travers ses deux chapitres la rationalisation de la gouvernance économique globale de l'économie sénégalaise et sa régulation sectorielle dans les segments pétrolier et énergétique.

DEUXIÈME PARTIE

LES CADRES DE RÉFÉRENCE ÉCONOMIQUES NATIONAUX

L'analyse des processus économiques réels permet de confirmer ou d'infirmer l'anticipation et les scénarios de prospectives, surtout quand les hypothèses de référence sont prises à défaut par des évènements soudains, imprévisibles ou dont les signaux de crise de basse intensité n'avaient pas été correctement appréhendés, ou à tout le moins, si les économistes n'avaient accordé toute l'importance requises à des manifestations secondaires de ces phénomènes. Les crises semblent ainsi toujours surprendre la grande majorité des experts qui espèrent une régulation naturelle du marché.

La situation actuelle est celle de l'ajustement économique de l'impact du Covid-19 sur les projections économiques, ce qui amène bien des États à adopter des lois de finances rectificatives pour adapter leurs budgets publics à des inflexions. L'Afrique, dans ce contexte, observe que tous les États sont bien en peine d'équilibrer tant bien que mal leurs budgets nationaux qui d'ordinaire comportent des dispositifs quasi structurels de financement des déficits par le recours aux subventions des partenaires techniques et financiers. Aujourd'hui, il faut faire le bilan des replis nationaux des États qui sont à la mesure des chocs économiques d'une activité précédemment plongée dans la récession des plans de confinement dans les grands pays européens, en Chine et aux États-Unis. Bref, les ressources ont fait l'objet d'un tarissement plus ou moins brutal et soudain.

Le Sénégal, dans ce contexte, a eu la chance, avec son plan à long terme dit « Plan Sénégal Émergent », d'avoir très tôt structuré une vision stratégique économique globale à court, moyen et long terme qui permet un pilotage cohérent des objectifs économiques. L'État ne court pas derrière les derniers soubresauts de la conjoncture mondiale, c'est du reste ce qui lui permet de ne pas trop décaler la mise en route ou la poursuite des projets ayant déjà été ficelés avec les partenaires techniques et financiers.

Nous étudierons dans cette deuxième partie la problématique de la stabilité de la politique économique observée à travers les deux chapitres suivants :

- Chapitre I : Le pilotage stratégique de l'économie sénégalaise
- Chapitre II : La contribution des secteurs pétroliers et énergétiques ainsi que les intervenants

Chapitre I

Le pilotage stratégique de l'économie sénégalaise

L'économie sénégalaise connait de bons résultats économiques et se classe parmi les économies les plus dynamiques de l'Afrique de l'Ouest. Elle se positionne sur un *trend* de croissance économique de 5 à 6 % observé au cours de la dernière période quinquennale, si l'on fait abstraction de la récession mondiale due à la pandémie covid-19 de 2020 à 2022.

Nous étudierons dans ce chapitre la vision stratégique, les grands agrégats économiques ainsi que la situation particulière du secteur de l'énergie et de son sous-secteur des hydrocarbures dont le segment offshore sera le moteur de l'économie sénégalaise au cours des trente prochaines années. Les experts pétroliers nationaux et internationaux prédisent déjà au Sénégal un bel avenir gazier.[32] Le Sénégal deviendra-t-il un futur émirat africain gazier ? Tel est le souhait des autorités publiques et de la société sénégalaise, se rejoignant dans cette aspiration et dans ce consensus national.

[32] Olivier de Souza (2019), « Les futurs grands eldorados africains du gaz (première partie) : cas du Sénégal », *Ecofin Hebdo* du 23 octobre, in https://www.agenceecofin.com/hebdop3/2310-70380-les-futurs-grands-eldorados-africains-du-gaz-premiere-partie-cAas-du-senegal

Section I : Vision stratégique, agrégats économiques et sociaux du Sénégal

Nos observations et commentaires vont s'appuyer sur divers outils :

- le cadre conceptuel du nouveau management public[33] ;
- les données de l'Agence nationale de la statistique du Sénégal ;
- les rapports et conclusions du Fonds monétaire et de la Banque mondiale ;
- les rapports d'évaluation des plans quinquennaux.

Ainsi, nous passerons en revue la politique économique du pays à travers la présentation du Plan Sénégal Émergent (PSE) et le Programme d'Actions Prioritaires (PAP) avant d'analyser les grands agrégats économiques à partir des indicateurs communiqués aux grandes institutions internationales, partenaires au développement du Sénégal.

Paragraphe I : Le cadre conceptuel des politiques économiques

L'action du service public s'inscrit traditionnellement dans le cadre de l'utilité sociale et de la satisfaction des besoins des citoyens administrés et de la collectivité. Son déterminant est la réalisation d'une mission socialement utile à la marche et à la cohésion de la société. Ainsi parle-

---

[33] - Anne Amar-Sabbah (2005), « Le Nouveau Management Public, avantages et limites », in https://www.researchgate.net/publication/299344413_Le_Nouveau_Management_Public_Avantages_et_Limites/citation/download
- A. Amar, L. Berthier (2007), « Le nouveau management public : avantages et limites », *Gestion et Management Publics*, vol. 5, décembre, in http://www.airmap.fr/wp-content/uploads/2018/06/GMP2007_5.4._AmarBerthier.pdf

t-on de services collectifs purs à propos des missions régaliennes de l'État s'agissant de l'ordre public, de la santé, de l'éducation, de la justice, de la défense du territoire. Notons également la conception de l'État-providence, interventionniste et acteur économique stratégique dont le poids est particulièrement important en Afrique non seulement en raison de l'élaboration et de la surveillance du cadre de la régulation, mais aussi du fait de la mise en œuvre de grands investissements stratégiques tels que les investissements du secteur pétrolier. Cette politique économique est d'essence keynésienne surtout dans les périodes de crise nécessitant une action ferme de l'État pour assurer la relance économique dans le cadre d'une politique de grands travaux, de soutien aux secteurs financiers et industriels en difficulté. En période normale, l'État poursuit également un objectif de rigueur budgétaire, voire d'austérité, s'appuyant sur une volonté d'efficacité et d'efficience pour optimiser la dépense publique. Celle-ci en Afrique est un élément important de l'animation économique et du développement des entreprises, à travers la commande publique et l'injection monétaire massive. Il s'agit non pas de réduire la dépense publique mais plutôt de mieux dépenser. Au Sénégal, le slogan de la période de l'ajustement structurel des années 1980 était : « Moins d'État et mieux d'État. » Il s'agissait d'avoir des choix de dépenses publiques ayant un impact significatif et des effets d'entraînement sur le pouvoir d'achat des ménages et la croissance de l'entreprise. Cette doctrine de la rationalité prend sa source dans l'application des principes de rentabilité, d'économie, d'efficience du secteur privé au secteur public.

En micro-économie, on fait référence à la théorie de l'optimum économique se fondant sur la maximisation du profit ou la minimisation des coûts. Cette conception de l'efficacité administrative et budgétaire a donné lieu dans les années 1960 aux États-Unis à la doctrine du *Planning Programming Budgeting System* (PPBS)[34] et en France à la théorie de la « rationalisation des choix budgétaires »[35]. Il s'agissait d'obtenir le meilleur usage des fonds publics.

Ces doctrines ont été modernisées et remplacées par la théorie du « Nouveau Management Public » (NMP) qui tire son origine de différents courants de pensée : courant néoclassique, théorie des organisations, théorie de l'agence, théorie des droits de propriété, l'idéologie du *Public Choice*, faisant découler les progrès collectifs des intérêts individuels. C'est la conception du libéralisme selon laquelle les initiatives privées et le profit sont à la base des progrès économiques et sociaux.

En Afrique, le management du service public (MSP) est plutôt connu sous l'appellation de « politiques de bonne gouvernance ». Cette orientation économique est essentielle au vu, d'une part, de la rareté des ressources financières, et d'autre part, du constat de gaspillage des fonds publics ou tout au moins des dysfonctionnements financiers assez souvent épinglés par les rapports de la Cour des comptes dans de nombreux pays, y compris au Sénégal.

Le Nouveau Management Public tend à réformer les modalités des politiques budgétaires traditionnelles pour les rendre plus souples, plus adaptées au fonctionnement d'une

---

[34] G. Gruening (2001), « Origin and Theoritical Basis of New Public Management », *International Public Management Journal*, 4, 1-25, in https://www.dphu.org/uploads/attachements/books/books_5003_0.pdf

[35] - Jacques Chevallier, Danièle Lochak (1982), « Rationalité juridique et rationalité managériale dans l'administration française », *Revue Française d'Administration Publique*, 24, 21-33 ;

- Jacques Chevallier, « Les orientations nouvelles des politiques de réforme administrative en France », p. 15-28, in https://journals.openedition.org/pyramides/701?lang=en

- Philippe Bezès, *Réinventer l'État. Les réformes de l'administration française (1962-2008)*, Paris, PUF, coll. « Le lien social », 2009.

économie libéralisée et en donnant plus d'autonomie aux responsables budgétaires en vue de la réussite de leur mission dans les meilleures conditions d'utilisation des fonds publics.

Cette situation n'est pas sans poser de difficultés tant les conservatismes de la culture du statut du fonctionnaire sont forts et les résistances vives face à la réforme de la gestion de l'État. Par exemple au Sénégal, la mise en œuvre du système de management de la performance selon la méthode du management par objectif se heurte à l'opposition farouche des syndicats de fonctionnaires très attachés au principe de l'avancement automatique selon l'ancienneté. Ce qu'ils craignent, c'est une privatisation rampante de l'État ou tout au moins des services publics. Cependant, les mécanismes d'externalisation de certains services publics dans le cadre de partenariat public-privé de concession entraînent un rapprochement des méthodes de gestion avec le secteur privé fondées sur la prise d'initiatives, l'autonomie financière et la mise en œuvre d'indicateurs de performance.

Ces syndicats de l'administration centrale restent des défenseurs acharnés d'une conception traditionnelle d'un État-providence non marchand au sens où la rentabilité ne serait pas son objectif principal. Il s'agirait d'un État fondé sur la conception bureaucratique de Max Weber[36] dont les

---

[36] Max Weber est un économiste ainsi qu'un sociologue allemand dont les travaux majeurs portent sur la modernité et son impact sur la société, la rationalité économique, l'éthique, les phénomènes de domination. Il étudie les bases du pouvoir politique et les sources de légitimité. Les trois grandes idées de Weber sont le pouvoir, la domination et la légitimité.
Voir article de Julien Damon, « La pensée de Max Weber (1864-1920) », in https://www.cairn.info/revue-informations-sociales-2006-5-page-97.htm
Voir Max Weber, *Économie et société*, collection Pocket Agora, 2003.

principes reposent sur l'existence d'un pouvoir légal rationnel, d'une domination (« monopole de la contrainte légitime ») socialement reconnue et acceptée. L'efficacité de l'Administration réside dans l'élaboration de règlements opérationnels, de procédures administratives, générales et impersonnelles, s'imposant à la société et dont la mise en œuvre est assurée par des spécialistes des procédures administratives, constituant un corps de fonctionnaires nationaux, communautaires ou internationaux.[37]

Étudions quelques-unes des caractéristiques du NMP découlant des critiques à l'encontre du secteur public considéré comme « inefficace, excessivement bureaucratique, rigide, coûteux, centré sur son propre développement (effet Léviathan), non innovant et ayant une hiérarchie trop centralisée »[38].

À l'inverse, notons que le NMP prend une position en faveur des règles suivantes :

- les objectifs opérationnels sont alignés sur la finalité de satisfaction des clients ;
- l'organisation administrative est calée sur un modèle décentralisé favorisant la prise d'initiative, la délégation de pouvoir, le développement des compétences, la structure coopérative en réseau pour favoriser la fluidité des contacts et de l'information ;
- la définition des rôles et responsabilités des agents administratifs et unités opérationnelle est claire et

---

Voir Jérôme Périolat, « L'État selon Max Weber », in https://upvericsoriano.files.wordpress.com/2011/09/l_etat_selon_max_weber-2.pdf

[37] Nous faisons la distinction entre les fonctionnaires de l'administration centrale, les agents des collectivités territoriales et les grands fonctionnaires communautaires (UE, UA, CEDEAO, UEMOA) ou internationaux du système des Nations unies.

[38] A. Amar, L. Berthier (2007), « Le nouveau management public : avantages et limites », *op. cit.*

précise dans le cadre de la définition exacte des pouvoirs et latitudes d'engagement des responsables administratifs ;

- le mode de recrutement se rapproche des procédures contractuelles du secteur privé ;
- les promotions des agents pour leur avancement découlent de leur niveau d'engagement professionnel et de l'évaluation de leurs performances annuelles ;
- ces dernières font l'objet d'un monitoring régulier à partir de KPI (*Key Performance Indicators*) et les budgets sont élaborés en fonction des objectifs opérationnels.

Signalons à ce sujet la récente réforme administrative introduite en 2019 au sujet des budgets ministériels dorénavant élaborés en mode programme dans le cadre du système intégré de gestion de l'information financière (SIGIF) permettant l'appréciation de résultats mesurables. Le responsable dudit projet déclarait ainsi devant la presse : « Il s'agit de concevoir le budget sous mode programme avec des résultats mesurables qui seront contrôlés par la Cour des comptes, et présenté au Parlement. »[39]

Cette réforme découlant des directives de l'UEMOA au sujet de la réforme préconisée pour l'Administration sénégalaise, concerne « le projet de coordination des réformes budgétaires et financières ». Il s'agit de créer une nouvelle plateforme informatique pour la gestion des finances publiques au Sénégal qui permettrait d'améliorer certains aspects de la gestion financière tels que « le cadrage macro-économique, la préparation du budget, la construction des documents budgétaires ».

[39] Article website All Senegal : « Sénégal : Le SIGIF, un outil de réforme des finances publiques (chef projet) », in https://fr.allafrica.com/stories/201907060114.html

Abordons à présent la vision stratégique du Plan Sénégal Émergent.

Paragraphe II : Vision stratégique de la politique économique – Plan Sénégal Émergent

Le Plan Sénégal Émergent[40], élaboré après l'alternance politique de 2012 ayant porté au pouvoir le Président Macky Sall, est l'épine dorsale de la planification stratégique des grandes orientations économiques de l'État. Il succède à la précédente « stratégie de croissance accélérée » élaborée sous l'ère du Président Abdoulaye Wade qui affichait l'objectif de doubler le PIB en dix ans et le PIB/habitant en quinze ans. Ces objectifs ambitieux furent cependant confrontés au défi de la restructuration de l'appareil de production, de sa modernisation, difficultés auxquelles le PSE s'attaque en visant une évolution de l'appareil de production vers des productions plus élaborées pour une meilleure captation de la valeur ajoutée sur la chaîne de valeur.

Le cœur du projet réside d'une part, dans la résolution de la question énergétique, condition essentielle, voire un prérequis, à la compétitivité des entreprises, et d'autre part, dans le rattrapage du retard dans la création d'infrastructures économiques. Le Sénégal table ainsi fortement sur l'exploitation pétrolière et gazière comme moteur de la production d'énergie et à la base d'une croissance soutenue et rapide du pays grâce à une « accélération de la cadence »[41] ou à l'exécution des projets

---

[40] Plan Sénégal Émergent, in https://www.sec.gouv.sn/sites/default/files/Plan%20Senegal%20Emergent_0.pdf

[41] Ce concept « d'accélération de la cadence » a été vulgarisé par la Première ministre Aminata Touré. Cela visait à rendre plus efficaces les procédures administratives d'allocation de ressources et à permettre une

structurants en mode « *fast track* ». Cette gouvernance est également désignée sous l'expression plus académique « *d'initiative à résultats rapides* » (*IRR),* ou celle de « méthode par les résultats rapides », méthode testée depuis une quinzaine d'années par la Banque mondiale dans quelques pays africains (Burundi, Madagascar, Kenya).

Cependant, on peut considérer qu'il y a au Sénégal une continuité de la politique économique quant à l'inspiration doctrinale à la fois libérale et keynésienne au sens d'une politique interventionniste de l'État dont l'approche économique se décline en une série de 17 grands projets impliquant à la fois le secteur privé international et national, les pouvoirs publics et les grandes institutions multilatérales, qui accompagnent depuis soixante ans les rythmes du développement économique du Sénégal.

Le PSE a établi une période d'exécution globale de vingt ans pour les grands projets s'étalant de 2014 à 2035. Cependant, cette phase est segmentée en plans quinquennaux d'actions prioritaires tels que celui de 2014 à 2018 et celui de la deuxième phase d'un autre PAP[42] pour

---

accélération des phases d'exécution opérationnelle. Il s'agissait de mettre les administrations sous tension en leur imposant des objectifs de performance et des *deliverables*. Cette idée a été reprise en 2019 par la nouvelle approche *fast track* de la réalisation des projets.
Voir Sidy Diop (2019), « Comprendre la méthode "fast track", in https://www.seneplus.com/politique/comprendre-la-methode-fast-track

[42] Le PAP de la phase 2019-2023 porte sur les projets suivants :

- l'industrialisation,
- la mobilité urbaine,
- la culture,
- les jeunes,
- le développement de villes intelligentes.

Voir Présentation 2018 du gouvernement du Sénégal au groupe consultatif (partenaires au développement) pour le financement de la seconde phase du PAP 2019-2024, in http://www.finances.gouv.sn/wp-

2019-2023. Ainsi, le PSE prévoit une première phase décennale 2014-2023 permettant d'évaluer l'impact significatif de l'efficacité de la politique économique planifiée et conduite au cours de la décennie.

Le PSE porte sur trois grands axes aussi bien dans son premier plan quinquennal que dans le second :

- « la transformation structurelle de l'économie et la croissance », qui a concentré 66,3 % des ressources ;
- « le développement du capital humain, la protection sociale et le développement durable », ayant bénéficié de 26 % des ressources du PAP ;
- « la gouvernance, les institutions, la paix et la sécurité », ayant mobilisé 7,5 % des dotations financières.

Il est porté par une vision stratégique, celle « d'un Sénégal émergent en 2035 avec une société solidaire, dans un État de droit ».

Le PSE a mobilisé une enveloppe de financement de 9686 milliards de FCFA soit 16,6 milliards de US$[43] pour le financement des 27 projets se rapportant :

- à l'habitat social et à la construction (2 projets) ;
- à la modernisation progressive du secteur informel désigné comme le secteur « de l'économie sociale (3 projets) ;
- au hub régional multiservice et tourisme (7 projets) ;
- aux mines et fertilisants (6 projets) ;
- à un hub régional logistique et industriel (2 projets) ;
- à l'agriculture, aux ressources halieutiques, et à l'industrie agro-alimentaire (7 projets).

---

content/uploads/2019/02/PRESENTATION-AU-GC-2018-FRANCAIS.pdf

[43] Il est à noter une contribution de l'État de 54 % sur les projets du PSE à partir de ressources internes.

Le PSE fixe comme préalable le redressement stratégique du secteur de l'énergie décliné à travers trois projets relatifs :

- au plan intégré de l'électricité ;
- aux approvisionnements en hydrocarbures ;
- au service universel de l'énergie.

Il est également à noter que les 17 réformes phares suivantes accompagnent le processus de transformation structurelle de l'économie :

- en matière d'environnement des affaires et de régulation grâce à :
  - la mise en place d'un fonds Sénégal Émergent ;
  - la création de « zones économiques spéciales » et l'institution du « paquet investisseur » ;
  - la révision du Code minier ;
  - l'amélioration du classement d'attractivité du Sénégal ;
  - l'attribution rapide de sites fonciers ;
  - la prévoyance sociale en faveur des travailleurs de l'informel ;
  - l'optimisation des entreprises et la participation de l'État ;
  - la mise en place d'un cadre incitatif pour la promotion immobilière ;
  - l'élaboration d'une nouvelle règlementation du transport routier ;
  - la réorganisation et le développement de la formation continue ;
- en matière d'économie numérique du fait de la diffusion des TIC dans l'économie et grâce au contrôle du Conseil de l'économie numérique ;
- dans le cadre des mécanismes du financement de l'économie favorisant :
  - l'accès des TPE et PME au crédit ;

- le développement du crédit immobilier ;
  - la bancarisation des bas revenus.

- dans le domaine des infrastructures, grâce à la mise en place du plan national intégré des infrastructures ;

- dans le cadre du développement de capital humain facilité par :

  - la réforme des programmes universitaires pour la satisfaction de besoins de l'économie nationale ;

  - l'accélération du développement de l'enseignement professionnel ;

Un bilan satisfaisant du PAP 2014-2018 a été tiré par les autorités publiques sénégalaises en présence de leurs partenaires techniques de financement à la conférence de Paris des 17 et 18 décembre 2019. Il a mis en relief l'impact du PSE ayant permis les réalisations suivantes :

- une croissance solide du PIB passant de 3 % entre 2009 et 2013 à 6,6 % sur le plan quinquennal 2014-2018, tirée par la consommation et l'investissement ;
- une bonne gestion macro-économique ayant permis de réduire le déficit budgétaire et de maîtriser l'inflation contenue à un faible niveau ;
- de bonnes performances sociales dans les domaines de la santé, l'éducation, la formation, ce qui a permis de faire reculer les inégalités et d'améliorer l'accès des populations pauvres aux services sociaux de base ;

- un développement des infrastructures sur l'ensemble du territoire pour une meilleure équité dans l'aménagement territorial[44] ;
- un renforcement de la qualité de la gouvernance globale (politique, économique et judiciaire) y compris territoriale entraînant un meilleur climat de paix et sécurité ainsi qu'un environnement des affaires attractif, un renforcement du cadre juridique et règlementaire.

Il est à signaler également que des défis restent à relever en matière :

- de productivité compte tenu de l'importance du secteur informel et de la faiblesse des qualifications ;
- de lutte contre la pauvreté, encore élevée ;
- de poursuite du cap des réformes pour le renforcement de l'efficacité de l'action de l'État, dont

---

[44] Voir la présentation du Gouvernement au groupe consultatif de Paris. Divers programmes publics ont été mis en place :

- PUDC : Programme d'urgence de développement communautaire,
- PUMA : Programme d'urgence de modernisation des axes frontaliers,
- PROMOVILLE : Programme de modernisation des villes.

Le bilan des infrastructures porte sur :

- la construction de routes passant, sur la période 2014-2018, à 272 km/an contre 131 km/an sur la période 2000 à 2011 ;
- la construction d'autoroutes : 217 km entre 2014-2018 contre 32 km entre 2000 et 2011.
- la construction de piste de production et de désenclavement de 560 km/an contre 147 km sur la période 2000-2011 ;
- la construction de 13 ponts entre 2014-2018 *vs* 11 ponts sur la période 2000-2011 ;
- une dotation pour le transport urbain de 710 bus entre 2014-2018 *vs* 409 bus sur la période 2000-2011 ;
- une électrification rurale de 440 villages/an *vs* 84/an sur la période 2000-2011.

on attend des externalités positives sur le front de la compétitivité des entreprises, de l'inclusion sociale ;

- d'accélération du rythme d'instruction et de montage des projets, pour augmenter significativement la capacité de l'État d'absorption des crédits dont le taux d'exécution brut est de 56,7 %, représentant 5492 milliards de FCFA de crédits ordonnancés (9,4 milliards de US$) ;
- d'augmentation de la contribution du secteur privé dans le financement du PAP 2019-2023 sous le format des PPP. Les contrats d'association dans l'offshore pétrolier en sont une bonne illustration.

Le nouveau PAP porte sur un volume d'investissements de 14 098 milliards de FCFA, soit 24,2 milliards de US$, contre 9686 milliards de FCFA, soit 16,6 milliards de US$, ce qui traduit un renforcement de la stratégie initiée et une confiance accrue des partenaires techniques au financement. Il vise une croissance annuelle moyenne de 9 % sur la période 2019-2023 et une stabilité du cadre macro-économique.

L'on a ainsi 9 nouveaux grands projets au titre du chapitre Transformation structurelle de l'économie et croissance[45], 11 projets pour le chapitre Développement

[45] *Nous ne traiterons pas dans ce livre du détail des autres grands projets des axes 2 et 3 du PAP se rapportant respectivement au « Capital humain, protection sociale et développement durable » et « Gouvernance, institutions, paix et sécurité ».

* Les 9 projets économiques du PAP 2019-2024 sont les suivants :

- Projet de Train Express Régional (TER)
- Programme de réhabilitation de la ligne ferroviaire Dakar-Bamako
- Projet d'autoroute Mbour-Fatick-Kaolack
- Projet d'autoroute côtière Dakar–Saint-Louis
- Programme prioritaire de désenclavement
- Projet d'aménagement de zones touristiques (zones touristiques intégrées)

capital humain, et 6 projets pour l'amélioration de la modernisation des institutions, la paix et la sécurité.

Passons à présent à la présentation sommaire des grands agrégats économiques du Sénégal.

S'agissant du domaine structurant des infrastructures, des transports et de l'énergie, le PAP 2014-2024 porte sur les projets suivants :

- projet port de Ndayane,
- projet de centrale solaire Scaling Solar (phase 2),
- projet de stockage d'énergie extension,
- soutien de fréquence Senelec,
- projet Solarys,
- projet parc solaire OMVS stabilisé,
- projet installation d'infrastructures de stockage pour les terminaux pétroliers et gaziers,
- projet de pipeline gaz.

La phase II du PAP, outre la transformation structurelle de l'économie, maintient le cap sur « l'amélioration du climat des affaires pour un secteur privé plus fort » dont l'évolution de la contribution, passant de 0,9 % sur la période 2009-2013 à 1,8 % sur la période 2014-2018, monterait à 3,3 % entre 2019-2023 grâce à la réalisation de diverses actions :

- la finalisation des réformes structurelles et sectorielles,
- le renforcement de la régulation et de la concurrence,
- l'amélioration du cadre légal,
- la finalisation du Code pétrolier.

- Programme de construction de lignes de transport et de distribution d'électricité
- Programme national d'urgence d'électrification rurale
- Programme national d'autosuffisance en riz

Ce plan quinquennal a l'ambition également de promouvoir « le développement du capital humain et la capture du dividende démographique » en s'appuyant d'une part, sur une « administration publique moderne et efficace au service du développement », et d'autre part, sur des politiques plus efficaces en matière de formation, d'emploi, d'initiatives entrepreneuriales pour les jeunes.

Passons à présent à la revue sommaire de quelques grands agrégats économiques et indicateurs de développement humain du Sénégal.

Section II : Les grands agrégats économiques et les indicateurs de développement humains[46]

Il s'agit d'indicateurs macro-économiques traditionnels et de référentiels qualitatifs de développement social.

Les indicateurs macro-économiques sont les suivants :

1. PIB réel en termes courants (parité nominale) en 2019 : 3407 milliards de FCFA[47] soit 23,578 milliards de dollars.[48]
2. Le taux de croissance de l'économie (PIB) : la croissance moyenne annuelle est passée de 3 % sur la période 2009-2013 à 6,6 % entre 2014 et 2018.
3. PIB en PPA : 39,69 milliards de dollars.

---

[46] Source : Plan Sénégal Émergent – Plan d'Actions Prioritaires 2019-2023, in http://www.senegal-emergent.com/sites/default/files/documents/pap2_pse.pdf

[47] Source : PAP 2, page 63, in https://www.sentresor.org/app/uploads/pap2_pse.pdf

[48] Source Banque mondiale, 2019, « PIB ($US courants) », in https://donnees.banquemondiale.org/indicator/NY.GDP.MKTP.CD?locations=SN

4. PIB/habitant en parité nominale en 2019 : 1446,8[49].
5. PIB/habitant ($ constant de 2011) : 2470 $US[50].
6. RNB/habitant : 1450 dollars.
7. PPA/habitant en PPA en 2019 ($ PPA internationaux courant) : 3535 US$[51].
8. Le taux d'inflation inférieur à 3 % respecte le pacte de convergence de l'UEMOA : faible inflation de 1 % en 2019 contre 0,5 % en 2018 et 1,3 % en 2017. Les prévisions de 2020 fixent à 2 % l'inflation.
9. Le taux de chômage sur le plan national en 2017 : 15,7 %. Il monte à 18,6 % dans les zones urbaines.[52]
10. Le déficit budgétaire : la baisse du déficit budgétaire se situant à 3,5 % en 2018 *vs* 5,4 % en 2011 traduit à la fois une amélioration de la performance fiscale par l'effet de l'élargissement de l'assiette d'imposition, mais également un meilleur contrôle de la dépense publique. Cependant, la crise sanitaire du coronavirus en 2020 va creuser ce déficit budgétaire qui est estimé à 6,1 % du PIB en 2020.[53]

---

[49] Source Banque mondiale, 2019, « PIB/habitant ($US courants) Sénégal », in https://donnees.banquemondiale.org/indicator/NY.GDP.PCAP.CD?locations=SN&name_desc=true

[50] PAP 2, 2018, *op. cit.*, page 63.

[51] $ PPA internationaux courant en 2019 chiffré à 3535 dollars par la Banque mondiale, in https://donnees.banquemondiale.org/indicator/NY.GDP.PCAP.PP.CD?locations=SN

[52] Voir note pays de la Direction générale du Trésor français : « Le Plan Sénégal Émergent (PSE) », in https://www.tresor.economie.gouv.fr/Pays/SN/cadrage-economique

[53] Communiqué de presse du FMI du 14 juin 2020 : « Les services du FMI concluent une mission de revue au Sénégal », in https://www.imf.org/fr/News/Articles/2020/06/14/pr20243-imf-staff-completes-review-mission-to-senegal

11. La pression fiscale passe de 14,1 % en 2009 à 15 % en 2017, puis à 16 % en 2018.[54]
12. Le déficit du commerce extérieur : on a une réduction du déficit de -12, 6 % (entre 2012-2014) contre -18,4 du PIB (entre 2009-2013) grâce à la croissance des exportations enregistrant un taux de progression des exportations (moyenne annuelle sur la période 2014-2018) de 9 % en rapport avec la diversification des exportations[55] résultant de l'introduction de nouveaux produits tels que le zircon, le titan, mais également la bonne tenue à l'exportation du secteur des fruits et légumes.
13. La balance des paiements accuse un déficit structurel de 7 % du PIB qui va s'accentuer avec les dépenses des programmes des plans d'investissement de l'activité pétrolière offshore et ne devrait connaître un début de renversement de cette tendance qu'à partir de la mise en service des gisements pétroliers et gaziers en 2023.
14. Le taux d'endettement global des finances publiques : on a une évolution de la dette publique de 60,6 % du PIB en 2017 à 64,5 % en 2018, après une consolidation du stock de la dette publique intégrant celle des sociétés nationales et des entités

---

[54] Source : Rapport annuel 2018, page 26, Ministère de l'Économie, des Finances et du Plan, in http://www.finances.gouv.sn/wp-content/uploads/2019/08/RAPPORT-ANNUEL-2018-Vf.pdf
Direction générale de la Planification et des Politiques économiques, « Situation économique et financière en 2018 et perspectives en 2019 », page 21, in
file:///C:/Users/HP.000/Desktop/SENEGAL/DPEE%202018-perspectives-2019.pdf

[55] Les exportations sont constituées pour l'essentiel des produits de la pêche, des phosphates, du zircon, des engrais, du coton, de l'arachide, du ciment, de l'or.

parapubliques.[56] Il a évolué après la pandémie COVID 19 à 71,4 % du PIB en 2023.[57]

15. Volume des investissements par les agents économiques résidents (FBCF ou la Formation Brute de Capital Fixe) : croissance de 7,6 % en moyenne annuelle (2018-2014), représentant 30 % du PIB contre une croissance de 5,4 % sur la période 2009-2013.
16. Le taux d'investissements publics étrangers (IDE) : 2,8 % du PIB entre 2014-2018. 90 % des IDE portent sur l'industrie manufacturière, l'exploitation minière et l'immobilier.

L'analyse des moteurs de la croissance fait ressortir des contributions déséquilibrées des différents secteurs qui indiquent notamment :

- la prédominance du secteur des services représentant 61 % du total de la valeur ajoutée sur la période considérée ;
- une contribution du secteur secondaire de 22,6 % dont le nouveau dynamisme est lié à l'amélioration de la situation énergétique du pays. Le Sénégal, sur la période 2009-2013, était en proie à des dysfonctionnements structurels liés à l'insuffisance de la production d'énergie électrique, créant des délestages quotidiens dans la fourniture d'électricité. Elle est également liée au redressement de la situation

---

[56] Note pays de la Banque mondiale, « Sénégal, vue d'ensemble », in https://www.banquemondiale.org/fr/country/senegal/overview

[57] Note de conjoncture de la Direction du Trésor de France : « Situation économique et financière du Sénégal » in https://www.tresor.economie.gouv.fr/Pays/SN/situation-economique-et-financiere-du-senegal

financière du secteur chimique au bord de la faillite (Industries Chimiques du Sénégal – ICS)[58] ;

- une contribution du secteur primaire de 17 % dans le PIB bien que l'on observe, en 2017, une croissance des productions agricoles arachidières (1 405 223 tonnes), rizicoles (1 011 269 tonnes), oléagineuses (400 000 tonnes), horticoles (fruits et légumes : 100 445 tonnes).

Les moteurs de la croissance actuelle sont ainsi portés par les secteurs de l'industrie extractive, de la cimenterie et les services financiers.

Des secteurs en émergence sont identifiés : l'horticulture, la construction, le transport, les activités de raffinage, de fabrication de sucre, de caoutchouc et de produits chimiques.

Quant à l'analyse des contraintes pour l'investissement privé, celle-ci indique une cherté et un faible accès à l'énergie.

Les entraves au développement sont également en rapport avec :

- l'importance du secteur informel (estimé à près de 51 % du PIB) ;
- la faiblesse de la qualification professionnelle de la main-d'œuvre en général ;
- la faiblesse de la transformation des matières premières ;
- la production de biens à faible valeur ajoutée ;
- un retard dans la dotation d'infrastructures ;
- un déséquilibre structurel dans l'aménagement caractérisé par une hypertrophie de Dakar,

---

[58] La production des ICS a crû de 67 % en passant de 1 060 000 tonnes en 2015 à 1 670 000 tonnes de phosphate de chaux en 2016.

représentant 3 % du territoire national mais accueillant 25 % de la population.

S'agissant des grands indicateurs qualitatifs, ils se rapportent :

- à une population de 15,7 millions d'habitants en 2015 et 18 millions en 2024, dont l'espérance de vie moyenne atteignait, en 2017, 67,4 ans[59], soit un gain de 10 ans de vie par rapport à 2000 et de 25 ans par rapport à l'espérance de vie de 42 ans de 1974, ou encore un bond de 29 ans par rapport à celle de 1960 (38 ans) ;
- au taux de prévalence VIH de 0,5 %. C'est le taux le plus bas d'Afrique. 99 % des malades du VIH ont accès aux soins antirétroviraux ;
- au taux de croissance du taux démographique de 2,5 %, restant encore élevé ;
- au taux de mortalité néonatale qui augmente en passant de 54 ‰ à 56 ‰ (entre 2014 et 2016). Le pays amorce une timide transition démographique[60] avec un taux de fertilité moyen de 5 enfants par femme en

[59] Source : Agence nationale de la statistique et de la démographie (2020), in https://satisfaction.ansd.sn/ ou données Banque mondiale, 2020, « Espérance de vie à la naissance, total, (années) – Sénégal », in https://donnees.banquemondiale.org/indicator/SP.DYN.LE00.IN?locations=SN

[60] La transition démographique se caractérise par une diminution des taux élevés de mortalité et de fertilité, passant ainsi à des taux de mortalité et de fécondité beaucoup plus faibles.
Le dividende démographique est quant à lui la situation de hausse de la productivité du fait d'un plus grand nombre de personnes actives par rapport au nombre de personnes à charge. Voir article ONU : « Comprendre le dividende démographique », in https://onusenegal.org/Comprendre-le-dividende-demographique.html

2017[61] (contre 7 en 1985) et une baisse du taux de mortalité ;

- au taux de retard de croissance de 17 % des enfants de moins de 5 ans ;
- au taux de mortalité des femmes en couches encore élevé : 236 décès pour 100 000 naissances (en 2017) malgré sa réduction importante de 45 % (430 décès sur la période 2013) ;
- au taux important d'analphabétisme : 54,6 % de la population âgée de 10 ans et plus, ce taux augmentant à 74,1 % pour les femmes en milieu rural ;
- au taux brut de scolarisation pour l'éducation primaire passant de 84,8 % (en 2014) à 87,3 % (en 2017) ;
- à la faible proportion de la population utilisant internet : 25,7 % ;
- au taux de pauvreté : il continue d'évoluer à la baisse depuis vingt ans en passant de 57,3 % en 2001 à 46,7 % en 2011. Aucune nouvelle étude de la consommation n'ayant été effectuée depuis cette date, on estime que la croissance de 2015 l'a fait descendre de 46,7 % en 2011 à 35,6 % en 2017[62], d'où un recul de l'indice de Gini mesurant les inégalités sociales,

---

[61] Banque mondiale, taux de fertilité, total (naissances par femme) – Sénégal in https://donnees.banquemondiale.org/indicator/SP.DYN.TFRT.IN?locations=SN

[62] PSE, Plan d'actions prioritaires 2019-2023, page 36, in http://www.senegal-emergent.com/sites/default/files/documents/pap2_pse.pdf.
La politique générale de santé du Sénégal est mise en œuvre par les plans suivants :

- Plan national de développement sanitaire (PNDS),
- Document de politique nationale de développement de la nutrition,
- le Plan stratégique de développement de la Couverture Maladie Universelle au Sénégal.

passant de 39,6 en 2014 à 36 en 2018. Ce progrès social est également en rapport avec les programmes de filets sociaux[63] ;

- au taux d'accès à l'électricité en milieu urbain : 61,7 % ;
- au taux d'accès à l'électricité en milieu rural : 37,2 % ;
- au taux d'accès à l'eau potable (2014-2017) : 92 % en milieu rural et 99 % en milieu urbain ;
- au taux d'assainissement : 70 % en milieu urbain (2014-2017) et 38 % en milieu rural ;
- à l'indice de développement humain (reposant sur les critères de la survie, la scolarité et la santé) en 2017 : il est observé une légère évolution de l'IDH, de 0,49 en 2014 à 0,51 en 2017. Cela correspond à un indice de développement faible, ce qui oblige le Sénégal à encore faire des efforts importants pour améliorer sa position dans le classement international 2019 du PNUD[64] (à la 166e place mondiale, et 33e place en Afrique).

Nous pouvons conclure ce point en indiquant que le Sénégal doit s'appuyer sur une croissance économique durable pour vaincre la pauvreté, ainsi que le préconise l'économiste indien Bhagwati pour les pays en développement. Il a cependant le choix entre une approche socio-rentière, distributive de la rente pétrolière et une

---

63 « Programme national de bourses de sécurité familiale, couverture maladie universelle, les programmes de gratuité » : voir PPA 2019-2024, *op. cit.*

64 PNUD, résumé du rapport sur le développement humain 2019, in http://hdr.undp.org/sites/default/files/hdr_2019_overview_-_french.pdf
Le Sénégal occupe la 166e place derrière la Côte d'Ivoire (à la 165e place) et le Nigéria (158e place, malgré son rang de 1re économie africaine).

approche économico-financière d'investissements de rentabilité durable.

Passons à présent à la présentation de la situation plus spécifique des secteurs de l'énergie et des hydrocarbures au Sénégal et à son animation par les différents intervenants publics et privés.

Chapitre II

La contribution des secteurs pétroliers et énergétiques ainsi que les intervenants

En paraphrasant *a contrario* le célèbre agronome René Dumont et sa maxime culte des années 1960, « l'Afrique est mal partie », par le slogan « le Sénégal est bien parti », on peut pressentir notre parti pris sur les prémices du dynamisme accéléré de l'économie sénégalaise portée par un futur moteur stratégique de croissance que constitue la rente pétrolière et gazière.[65]

Cet optimisme du pronostic découle de la diversification actuelle de l'activité économique locale, de la vitalité des secteurs financiers, des télécommunications, des mines, de l'énergie, et de la contribution majeure de l'aval pétrolier, dont l'ancienneté et le professionnalisme sont reconnus des milieux d'affaires et des pouvoirs publics.

Le prochain développement de l'exploitation des champs pétroliers et gaziers à partir du troisième trimestre 2024 viendra renforcer l'intégration verticale d'un écosystème pétrolier dynamique. Les différents acteurs s'y préparent.

---

[65] Vanessa Exama (2018), « Le gaz naturel sénégalais : parfum d'une économie florissante ? », in https://perspective.usherbrooke.ca/bilan/servlet/BMAnalyse?codeAnalyse=2726

Le développement pétrolier et gazier est en effet une occasion historique pour le pouvoir d'achat des consommateurs, la stratégie *Gas to Power* de Senelec, les processus industriels, les stratégies de préservation de l'environnement sahélien, la distribution pétrolière, le transport maritime et terrestre d'hydrocarbures, la mobilité globale, le secteur des assurances et des banques.

Nous n'étudierons pas tous ces aspects dans le cadre de ce travail actuel et nous cantonnerons nos analyses à l'écosystème énergétique et pétrolier.

Nous analyserons ainsi dans cette section la contribution actuelle de l'aval pétrolier et du secteur de l'énergie et ferons aussi la présentation des différents acteurs publics et privés en terminant par les grandes stratégies en cours ou les « grandes manœuvres » annoncées.

Section 1 : La contribution économique du secteur de l'énergie et des hydrocarbures à l'économie sénégalaise

L'importance du secteur de l'énergie est consacrée par la place que lui accorde le PSE, en tant que préalable incontournable à la mise en route des projets structurant la transformation de l'économie sénégalaise. Les importations pétrolières constituent une charge importante pour les finances publiques locales, d'un montant annuel de 856 milliards de FCFA en 2017, représentant 10 % du PIB et 60 % de la valeur des exportations.[66] Notons que 30 % du volume des hydrocarbures (de 2,5 millions de tonnes par an, constitué par : le GPL – gaz de pétrole liquéfié –, les essences, le jet, le gasoil, le diesel et les fuel 180 et 380 HTS et BTS) sont affectés à la production d'électricité. En sus

[66] Source : site du ministère du Pétrole et de l'Énergie : « Aval pétrolier », in http://www.energie.gouv.sn/distribution-aval/

des volumes de la consommation nationale, le Sénégal importe une quantité additionnelle d'hydrocarbures d'un million de tonnes par an, qu'il réexporte également vers le Mali. L'objectif affiché par le premier PSE de 2014[67] était de sécuriser les approvisionnements d'hydrocarbures et faire du Sénégal un hub régional de transit grâce à :

- « la compétitivité des prix gasoil/essence qui seraient parmi les plus bas de la sous-région,
- l'absence de pénurie de carburant (0 jour),
- l'amélioration du pouvoir d'achat des ménages du fait d'une réduction de 30 % de la facture pétrolière,
- la modernisation et l'extension des capacités de raffinage de la SAR. »

Étudions de plus près la situation de l'aval pétrolier et ensuite celle du secteur électrique. Cette combinaison d'analyse résulte de la volonté du PSE d'intégrer ces deux sous-secteurs au sein « d'une commission de régulation du secteur de l'énergie dont les champs de compétences s'étendront à l'électricité et à l'aval du sous-secteur des hydrocarbures ».

Paragraphe 1 : L'aval pétrolier

A. L'importance économique de l'aval pétrolier

En l'absence de démarrage de l'exploitation des gisements pétroliers et gaziers offshore, ce secteur, pour l'instant, produit des effets économiques majeurs sur l'économie sénégalaise par le biais du secteur de l'aval pétrolier, compte non tenu de l'exploitation du petit gisement gazier terrestre de Gadiaga, exclusivement affecté

[67] PSE 2014, pages 93-94 : https://www.sec.gouv.sn/sites/default/files/Plan%20Senegal%20Emergent_0.pdf

à une production d'appoint d'électricité pour les besoins de la Senelec.

En dehors de son impact fondamental sur la production de l'électricité et du transport, l'aval pétrolier assume un rôle stratégique de collecteur de taxes et d'impôts pour les finances publiques, à partir de la phase d'importation et de celle de la mise à consommation.

À l'étape de l'importation, la collecte d'impôts et des droits de douane se fait par la SAR, ayant le quasi-monopole de l'importation des carburants en dehors de quelques dérogations temporaires spéciales accordées à certains opérateurs pétroliers.

L'importation du gaz domestique est pour sa part libéralisée, mais sa complexité opérationnelle limite les importations entre les mains de trois opérateurs (Total, ITOC, Puma Energy). Pendant les phases de transport et de commercialisation, les prélèvements fiscaux supportés par les consommateurs finaux sont réalisés pour le compte de l'État par les sociétés pétrolières de la distribution.

Ces mécanismes de prélèvements douaniers et fiscaux sont mis en œuvre à l'occasion du processus des échanges économiques internes suivants :

- à la réception des importations pétrolières ;
- à l'étape du stockage dans les terminaux pétroliers et gaziers portuaires et terrestres ;
- pendant la phase de transport terrestre du carburant sur toute l'étendue du territoire national ;
- au moment des ventes aux industries locales ;
- pendant l'approvisionnement intérieur dans les dépôts gaziers ;
- lors des approvisionnements pour le transport aérien local ;
- lors de la vente au détail dans les stations-service.

S'agissant des transports internationaux maritimes et aériens, il est à noter l'exonération d'impôt pour les ventes internationales de combustibles pour l'avitaillement des aéronefs et navires (essence jet, gasoil pêche).

Ce processus des échanges économiques va ainsi donner lieu à une cascade de droits de douane, d'impôts indirects et de taxes diverses :

- des retenues de subvention ;
- de droits de porte ;
- de taxes spécifiques ;
- de la TVA intérieure ;
- de la TVA à la consommation finale.

Ces différents impôts vont donc entrer dans la structure des prix pétroliers intérieurs.

Ces derniers sont des prix homologués faisant l'objet d'un arrêté du ministère du Commerce et ils régissent les divers stades de commerce ainsi que les différentes catégories de produits pétroliers. En dehors des lubrifiants et des carburants aviation, tous les autres types de combustibles sont fixés par le Comité national des hydrocarbures soumettant une proposition d'arrêté au ministre du Pétrole et des Énergies renouvelables.

Nos indiquons ci-après les composantes de la structure de prix pétrolier :

1. Le Prix Parité Importation : prix d'achat sur les marché internationaux pétroliers CIF NWE (Cost Insurance Fret sur le marché North West Europe), incluant le transport, l'assurance et les frais de port, le PSE – ou taxe de Prélèvement de soutien à l'énergie –, le FSIPP – Fonds de sécurisation des importations de produits pétroliers, fonds public destiné à stabiliser par un mécanisme de subvention,

les prix du marché local contre les hausses des cours pétrolier internationaux – ;

2. la base taxable : l'assiette est constituée non seulement du prix d'achat international, du transport et de l'assurance, mais également des droits et taxes liquidés par la Douane, à l'exclusion de la TVA ;
3. les droits de porte : droit de douane locaux, taxe portuaire et communautaire, redevances statistiques, taxe d'utilisation de route (TUR) ;
4. le prix ex-dépôt : prix d'achat à la SAR ;
5. la stabilisation fiscale : pour prendre en compte la variation de la base de calcul de la TVA ;
6. la marge distributeur ;
7. la base TVA ;
8. le prix de vente au détaillant ;
9. la TVA ;
10. le prix de vente au consommateur en FCFA par tonne.

Cette structure de prix avec des tarifs distincts est applicable sur les produits pétroliers classés en deux catégories, produits blancs et produits noirs, les premiers étant des produits presque incolores (essences classiques ou spéciales, le carburéacteur, le kérosène et le gazole), distillés à pression atmosphérique, tandis que les seconds sont de couleur brune presque noire (bitume, fuel lourd) et sont les résidus du raffinage.

Nous illustrons ci-dessous ce modèle de tarification par une structure de prix de 2016 tout en signalant au passage que l'ensemble des recettes fiscales de 2019 (2534 milliards de FCFA)[68] est constitué, à hauteur de 9 %, par les prélèvements pétroliers. Cela représente une importante

[68] Projet de Loi de Finances pour l'année 2019, in https://www.sec.gouv.sn/sites/default/files/Projet_De_Loi_Des_Finances_2019_1.pdf

rente fiscale pour l'État mais explique également que le carburant sénégalais, très fortement taxé[69], soit plus cher à Dakar qu'à Bamako après un transit routier de près de 1342 kilomètres. Si cette situation est jugée irrationnelle sur le plan économique par certains opérateurs économiques, les représentants officiels la jugent pour leur part compréhensible au regard du plus grand dynamisme de l'économie sénégalaise par rapport à celle du Mali. Il en découle pour le Sénégal de plus grandes charges d'entretien de ses infrastructures et notamment de son réseau routier plus dense et de meilleure qualité, nécessitant une contribution fiscale plus importante pour cette externalité positive. Autrement dit le développement et la qualité des infrastructures entraineraient des impôts plus importants pour la collectivité.

La limite d'un tel raisonnement résiderait dans l'absence de prise en compte du niveau d'efficacité de l'action des pouvoirs publics[70]. La gestion publique s'effectue soit dans le cadre d'une stratégie d'externalisation dans les services publics, de recours au marché par le biais du développement de la commande publique ou des partenariats publics – privé, soit dans le cadre d'une stratégie d'internalisation (production en interne), assurée par le développement du système des régies publiques. Le choix de la stratégie publique retenue est fonction du niveau de performance du marché et de productivité de l'économie.

Dans une logique économique courante, on pourrait considérer qu'en raison des économies d'échelle et des gains de productivité obtenues dans les limites d'un certain

---

[69] Forum Civil (2011), « Réflexions sur la fiscalité et les prix de l'énergie au Sénégal », *Dakaractu*, in https://www.dakaractu.com/Reflexions-sur-la-fiscalite-et-les-prix-de-l-energie-au-senegal_a11506.html

[70] Alessandro Stanziani, « Comment mesurer l'efficacité des institutions ? », in https://doi.org/10.4000/histoiremesure.5135

seuil, la prospérité d'une économie abaisserait les coûts de transaction[71] par l'effet de l'intensité de la concurrence. Ils conditionneraient *ab initio* la compétitivité et la profitabilité du système de production ainsi que la croissance interne et externe du marché, ce qui permettrait d'élargir l'assiette fiscale. Ceci aurait donc pour conséquence la réduction du taux de pression fiscale moyen sur les entreprises et les consommateurs, entrainant de ce fait une incitation à l'investissement des entreprises et une stimulation de la consommation des ménages, car ces derniers payeraient moins d'impôts. Il se créerait ainsi un cercle vertueux de croissance.

Notre analyse de la performance de la politique économique se fonde sur l'analyse de rendement du systè me économique et elle est calquée sur le modèle des économies d'échelle des entreprises privées. Plus l'assiette de l'impôt est large, plus la pression fiscale est socialement mieux répartie.

Par conséquent, on définit la mesure de pression fiscale d'un pays par le rapport entre les impôts constituant la base du budget national et le volume du PIB. Ce ratio permet d'apprécier la qualité et l'efficacité du recouvrement des recettes publiques.

Nous faisons ainsi une extrapolation à la sphère des activités publiques, de l'analyse des taux de rendement et de productivité des entreprises privées pour évaluer la qualité du management public.

---

[71] Article de 2003 de Michel Ghertman sur « Oliver Willamson et la théorie des coûts de transaction » dans Revue Française de Gestion in https://www.cairn.info/revue-francaise-de-gestion-2003-1-page-43.htm
On a 4 types de coûts de transaction : les coûts de négociation, les coûts d'opportunités, les coûts de recherche, les coûts de maintien de l'ordre.

En outre, nous citons la réforme budgétaire au Sénégal initiée en 2020[72]. Celle-ci prévoit la nouvelle stratégie des « budgets-programmes »[73] qui structurent dorénavant la présentation des budgets des ministères autour de *programmes métiers* en rapport avec les compétences opérationnelles de chaque ministère ainsi qu'un programme spécial de coordination dénommé « pilotage, gestion et coordination administrative », dédié à l'efficacité de management. Les ministres deviennent désormais chacun ordonnateur de leur budget, ce qui entraîne la perte du monopole d'ordonnancement des recettes et dépenses du budget de l'État, précédemment dévolu au ministre du Budget et du Plan. En outre, dans chaque ministère, un responsable de programme est nommé par décret et se voit astreint à des obligations de performance dans le cadre d'une procédure de revue et d'évaluation de l'exécution du programme ainsi qu'à l'atteinte de ses objectifs. Cette réforme est appelée une « déconcentration de l'ordonnancement », qui à vrai dire est un « transfert de l'ordonnancement », car le ministre du Budget et du Plan n'a aucune autorité hiérarchique sur ses autres collègues. Cependant, la loi organique relative à la loi de finances lui reconnait un « pouvoir de régulation budgétaire » l'autorisant à annuler un crédit pour veiller à l'équilibre budgétaire global ou à « subordonner les engagements des ordonnateurs aux disponibilités de trésorerie »[74].

Pour revenir à l'aspect concret des choses, nous indiquons ci-après les recettes pétrolières collectées par la

[72] Interview de l'ancien directeur général de Petrosen et de la SAR, M. Serigne Mboup (2016) : « Pourquoi le prix du carburant est le plus élevé au Sénégal et en Côte d'ivoire ? » (PCA, Sar), in https://www.seneweb.com/news/Economie/laquo-pourquoi-le-prix-du-carburant-est-_n_172493.html

[73] Projet loi de finances 2020, *op. cit.*

[74] Article 25, LOLF : Loi organique relative à la loi de finances 2020.

douane sénégalaise, grand pourvoyeur de fonds pour le budget de l'État incluant le FSIPP, le PSE et les droits de porte sur le pétrole de la période suivante :

- 2015 : 288,3 milliards de FCFA pour le recouvrement de recettes pétrolières contre 545,6 milliards de FCFA de recettes douanières, soit 52,84 % ;
- 2016 : 307 milliards de FCFA pour le recouvrement de recettes pétrolières contre des recettes douanières de 588,1 milliards de FCFA, soit 52,20 % ;
- 2017 : 254,8 milliards de FCFA[75] de recettes pétrolières sur des recettes douanières globales de 648,9 milliards de FCFA, soit 39,28 % sur une facture pétrolière nationale de 856 milliards de FCFA, soit 6 % du PIB en 2017 contre 708 milliards de FCFA en 2010 ;
- 2018 : 260,9 milliards de FCFA de recettes pétrolières sur les recettes douanières globales de 694,5 milliards de FCFA soit 31,98 %. La hausse de 2,4 % des recettes par rapport à l'année 2017, en rapport avec les droits de porte et la taxe spécifique, est moindre en raison de la remontée des cours pétroliers combinée à un surenchérissement du dollar, non répercutés sur les prix à la pompe, au regard de la forte imposition préexistante, d'où une baisse de la collecte du FSIPP (17,3 milliards en 2018 contre 26,4 milliards en 2017) ;
- 2019 : estimation de 371,3 milliards de FCFA[76] de recettes pétrolières sur des recettes douanières globales réalisées de 804,3 milliards de FCFA.

[75] Situation économique et financière en 2018 et perspectives en 2019, in http://www.dpee.sn/IMG/pdf/sef-2018-perspectives-2019.pdf

[76] Direction de la Prévision et des Études économiques, « Rapport économique et financier, annexé au projet de loi de finances 2020 », in http://www.dpee.sn/Rapport-Economique-et-Financier,1843.html

	Produits / Prix	SUPER	ESSENCE	ESSENCE PIROGUE	GASOIL
1	Prix Parité Importation	269 757	263 536	249 998	300 686
2	Base taxable	187 167	177 863	177 863	160 116
3	Droits de porte	20 588	19 565	19 565	17 613
4	Prix ex-dépôt (1+3)	290 345	283 103	269 563	318 299
5	Stabilisation fiscale	–	–	–	–
6	Taxe spécifique	216 650	198 470	38 560	103 950
7	Marge distributeur dont péréquation transport	69 700 20 000	69 700 20 000	100 775 20 000	69 700 20 000

8	Base TVA (1+3+6+7+5)	576 695	555 271	400 898	491 949
9	TVA	103 805	99 229	73 602	88 551
10	Prix de vente au détaillant (4+6+7+9)	680 500	650 500	482 500	580 500
11	Marge détaillant	14 500	14 500	14 500	14 500
12	Prix de vente au consommateur en CFA/m^3	695 000	665 000	497 000	595 000
13	Prix de vente au Consommateur en CFA/litre	695	665	497	595

B. Le rôle prépondérant des multinationales dans l'aval

Le secteur pétrolier fut pendant longtemps au Sénégal (des années 1960 à 2000) la chasse gardée des grandes multinationales (BP, Shell, Total, Elf, Texaco, ExxonMobil, Esso) qui s'étaient regroupées au sein du Groupement Professionnel des Pétroliers (GPP).

Cette situation est le legs de l'histoire économique du pays, en raison de l'implantation historique de ces sociétés étrangères et de leur notoriété internationale. À cette situation s'ajoutent d'autres facteurs tels que :

- une connexion importante avec l'industrie pétrolière mondiale ;
- un contrôle de la Société Africaine de Raffinage dont elles étaient de loin les actionnaires majoritaires ;
- la très grande confiance traditionnelle des pouvoirs publics ;
- leurs anciens rapports d'affaires avec le réseau industriel et financier du pays ;
- l'importance de leur portefeuille clients internationaux ;
- la maîtrise quasi exclusive du *bunkering* international, c'est-à-dire de l'avitaillement, des armements internationaux en contact avec leur siège à l'étranger ;
- la quasi-exclusivité de l'avitaillement des avions des grandes compagnies aériennes ;
- l'ancien maillage territorial par leurs réseaux de stations-service ;
- leur monopole du stockage des hydrocarbures dans des dépôts pétroliers étant leur exclusive propriété ;

- l'importance de la logistique et des investissements massifs que requiert l'industrie pétrolière, sans parler de l'exigence d'une abondante trésorerie pour maîtriser les aspects majeurs de *cash flow* et de besoin en fonds de roulement ;
- une maîtrise opérationnelle des aspects de l'environnement, et de façon générale, une grande expertise sur le management des processus pétroliers tels que l'organisation logistique des dépôts terrestres, les mécanismes de la *supply chain* ;
- l'existence de centres internationaux d'expertise prêtant assistance à leurs filiales sur toutes les questions techniques nécessitant la collaboration d'experts confirmés.

Cependant, cette domination des multinationales a commencé à s'effriter progressivement avec les départs continus du Sénégal, sur une période de vingt ans, de la quasi-totalité des grands noms de l'industrie pétrolière mondiale (Texaco/Chevron, Esso, BP, ExxonMobil, Shell) et de l'absorption d'Elf par Total suite aux péripéties politiques et judiciaires du premier grand groupe pétrolier français. L'aspect de la rentabilité des activités terrestres pétrolières liée à la faiblesse des marges commerciales ainsi qu'aux problématiques de sécurité industrielle a également pesé lourd sur les stratégies des majors de quitter le Sénégal.

En réalité, ces replis des majors se sont observés un peu partout en Afrique, sauf au Nigéria en raison de la taille de ses réserves pétrolières et d'un focus sur le segment upstream plus que sur le downstream. C'est aussi le cas en Afrique du Sud du fait de la puissance économique de ce pays. Il s'agit de stratégies de recentrage des grands groupes dans le cadre d'une rationalisation de leur portefeuille d'actifs.

La brèche provoquée par ces différents retraits a donné des opportunités à des investisseurs nationaux à partir des années 1998, avec l'implantation du premier opérateur sénégalais Elton, dont les cadres furent formés pendant longtemps à la bonne école de ces multinationales pétrolières.

Aujourd'hui le secteur continue d'être dominé par la multinationale major Total, suivie de petits groupes à implantation internationale plus restreinte tels que Vivo Energy, Oil Lybia, Puma Energy (marque de Trafigura), Oryx.

Une nouvelle ouverture aux opérateurs privés nationaux a ainsi vu le jour dans la décennie 2000 et elle offre une intensité concurrentielle plus vive surtout sur le segment de la distribution terrestre.

Nous pouvons aussi rapporter l'apport des multinationales dans le développement de l'aval au Sénégal notamment sur le plan des bonnes pratiques « HSE » (Hygiène-Sécurité-Environnement), des investissements pionniers dans le secteur de la distribution du gaz Butane (Shell Gaz[77], Total Gaz), de la diversification de l'offre de service du « Retail » (réseau de stations-service et terrestres), de l'accompagnement du secteur industriel par la mise à disposition de lubrifiants adaptés notamment aux spécificités des machines sophistiquées de l'industrie extractive. Citons l'exemple de Total Sénégal.[78] Cette

[77] Le grand centre ultra moderne d'emplissage de gaz construit par Shell Gaz dans les années 1995 fut par la suite cédé au groupe Vitol qui à son tour l'a rétrocédé à Puma Energy. La faible rentabilité financière des investissements consentis détermine ces choix de cession d'actifs.

[78] Dossier 2018 Total Sénégal, West African Rating Agency (WARA), in file:///C:/Users/HP.000/Downloads/C4-Total%20Senegal%20-%20Analyse%20Octobre%202018.pdf

société dont le chiffre d'affaires en 2017 était de 309,7 milliards de FCFA, soit 555 millions de dollars, dispose de 31,9 % de parts de marché pour le réseau de stations-service terrestres ainsi que 34,6 % de parts de marché pour les ventes aux industriels, à l'exclusion de Senelec, directement approvisionnée par la SAR.

Total Sénégal est le leader du marché local regroupant 43 concurrents et dont le tonnage annuel est de 2,5 millions de tonnes de produits pétroliers. Ce marché local est très concurrentiel avec plus de 600 stations-service concentrées, à plus de 80 %, à Dakar.

La structure du portefeuille des activités de Total Sénégal est assez diversifiée et se décompose comme suit :

- la distribution terrestre de détail avec un réseau de 174 stations-service implantées à travers l'étendue du territoire national : 41 % de la valeur du portefeuille ;
- l'approvisionnement des industriels : 28 % ;
- l'avitaillement aviation et marine : 10 % ;
- l'export (export de produits pétroliers vers le Mali : *gasole* et *gasolin*e pour 86 900 tonnes en 2017 contre 71 100 tonnes en 2016) et le négoce de produits non pétroliers (*Non Fuel Retail*) dans le réseau des boutiques de Total : 14 % ;
- la distribution de gaz de pétrole liquéfié à partir de son centre d'emplissage : 6 % ;
- le commerce de lubrifiants : 1 %.

Au regard du développement du Sénégal comme un pays minier, Total Sénégal développe de plus en plus un partenariat stratégique avec les industries minières[79] en

---

[79] Les sociétés Grande Côte Opérations, filiale du groupe minier français ERAMET, et SOCOCIM, filiale du Groupe cimentier français VICAT, constituent les deux principaux clients de Total Sénégal. Ces deux sociétés sont les leaders nationaux dans les mines et l'activité de production de ciment.

adaptant son offre de services à une offre personnalisée dans le cadre de sa stratégie dite du « Sur-mesure » ou « *Tailor-made* » consistant en le déploiement d'installations de stockage sur les sites industriels de ses clients (installations spéciales dédiées), l'acceptation de l'externalisation de la gestion de leurs stocks, la facturation des quantités réelles consommées, ainsi que la mise en place d'un système de filtration à haute performance.

Nous concluons en indiquant que le volume global des ventes de Total Sénégal s'élève en 2017 à 621 000 tonnes, ce qui lui a permis d'obtenir un résultat d'exploitation de 7,6 milliards sur la période, représentant 2,5 % de son chiffre d'affaires.

C. La place du privé national dans l'aval

L'émergence du privé national

Le secteur privé sénégalais se développe depuis une vingtaine d'années (à partir des années 2000), de plus en plus sur les différents segments de l'aval, mais également sur l'importation de carburants raffinés, du gaz domestique (GPL), du stockage et du raffinage.

Au nombre de 38 distributeurs privés (à capitaux privés sénégalais), ces derniers se retrouvent pour l'essentiel dans deux organisations professionnelles locales :

- ASPP (Association Sénégalaise des Professionnels du Pétrole) ;
- ASP (Association Sénégalaise des Pétroliers).

Ils ont une position dominante dans le petit segment de la distribution des carburants de la pêche artisanale (essence pirogue).

La société Elton est ainsi le plus ancien des distributeurs dits indépendants.[80] Elle a ouvert la voie à l'immixtion d'opérateurs sénégalais dans le secteur pétrolier. Le secteur privé national est un aiguillon à une plus grande intensité concurrentielle, en étant plus agressif sur les différents marchés pétroliers, ce qui contraint les grandes marques à des investissements permanents dans leurs réseaux terrestres de stations-service, ce qui, à leur dire, obèrerait significativement leur marge commerciale nette jugée assez faible.

Les opérateurs pétroliers sénégalais sont également très actifs dans la distribution de gaz avec les sociétés Lobbou Mame Diarra Bousso, Touba Gaz (34 % de parts de marché). Ce marché du gaz est de façon générale contrôlé globalement par 4 principaux distributeurs, que sont Puma Energy, Touba Gaz, Loobou Mame Diarra Bousso et Total Gaz.

Citons aussi la société Senstock qui est un opérateur sénégalais dont l'origine du financement est liée à Touba Gaz, filiale du groupe Diprom. Son actionnariat est composé de : Diprom (36,9 %), Total Sénégal (28,7 %), Puma Energy (18 %), SAR (16,4 %).

Senstock est spécialisée dans le stockage de produits pétroliers, secteur dans lesquels les majors ne voulaient plus investir car préférant optimiser les passages dans de vieux dépôts qui, bien qu'amortis financièrement depuis plusieurs décennies, n'en restaient pas moins opérationnels pour la majorité d'entre eux (cas du grand dépôt d'Oil Lybia hérité d'ExxonMobil : Dakar Océans Transport – DOT).

---

[80] C'est une vieille désignation où le GPP était un cartel de major pétrolier et les privés nationaux étaient considérés comme indépendants du cartel mis en place. Cette désignation est aujourd'hui de moins en moins pertinente.

Senstock est ainsi venue agrandir depuis les années 2010 l'offre de stockage des dépôts pétroliers traditionnellement sous le contrôle des majors (Total, Elf, Mobil, Shell, Oryx). Ces capacités de stockage sont de 284 000 m^3.[81]

Quant à la société ITOC, créée en 1985 par Abdoulaye Diao[82], un ancien conseiller technique au ministère du Pétrole, ayant également créé Petrosen en 1981 pour le compte de l'État, elle est devenue l'opérateur préférentiel et principal de l'importation du pétrole et du gaz au Sénégal depuis plus de vingt ans.

ITOC (International Trading Oil and Commodities), ayant un bureau à Genève, une des grandes places du trading mondial, importe ainsi assez régulièrement, tous les ans, un important tonnage de produits pétroliers à destination du marché sénégalais et a assumé jusqu'à une date récente une domination presque sans partage sur les approvisionnements de la SAR, pourtant soumis à une procédure d'appel d'offres international. Un contrat pluriannuel, signé en 2017, est toujours en cours d'exécution et porte sur un programme d'importations de 440 000 tonnes de butane. Quant à la filiale ITOC Shipping, opérant dans le port de Dakar, il est rapporté qu'elle traite un volume de tonnage de 2 millions de tonnes, ce qui en fait un acteur important de l'économie maritime à côté de la société mère ITOC dans le secteur pétrolier.

---

[81] Dossier Senstock on line sur site corporate in : https://www.linkedin.com/company/senstock/about/
Dossier 2018 du site Seneweb, « Stockage de produits pétroliers : Senstock installe ses bacs », in https://www.seneweb.com/news/Economie/stockage-des-produits-petroliers-senstock-installe-ses-bacs_n_16889.html

[82] Voir article *Jeune Afrique/Économie-Finance* (2016), « Négoce : le Sénégalais Abdoulaye Diao sort de ses gonds », in https://www.jeuneafrique.com/mag/358096/economie/negoce-senegalais-abdoulaye-diao-sort-de-gonds/

Il faut noter avec intérêt qu'ITOC a su collaborer avec différents régimes politiques (Abdou Diouf, Abdoulaye Wade, Macky Sall). Cette proximité lui a ouvert les portes d'une collaboration stratégique avec la SAR dont un grand nombre d'appels d'offres a régulièrement été remporté par cette société sénégalaise qui réussit l'exploit de *truster* dans la majorité des cas depuis vingt ans lesdits approvisionnements, devant de grands traders internationaux et firmes pétrolières internationales.

Cette situation ne fut pas sans irriter les perdants et éveiller les soupçons de la concurrence internationale à propos d'un risque de favoritisme ou de « préférence locale déguisée », durant les procédures d'appel d'offres.

Toutefois, notons qu'ITOC a perdu en 2019 le marché de la SAR au profit du trader ADAX, ce qui semble momentanément mettre un coup d'arrêt au vieux partenariat stratégique entre la SAR et ITOC.[83] Simple repli à la faveur du changement de l'actionnaire principal et de l'entrée de Locafrique, ou changement de cap majeur de la politique d'approvisionnement des nouvelles autorités de la SAR, l'avenir prochain des transactions internationales de la raffinerie nous donnera une meilleure réponse à ce tournant des relations entre ITOC et la SAR.

Pour notre part, nous considérons que cette situation antérieure de privilège d'approvisionnement n'était plus vraiment un problème puisque la SAR, bien que l'État du Sénégal soit le plus gros actionnaire individuel avec une participation importante de 46 %, n'en reste pas moins une société contrôlée en majorité par divers actionnaires privés (54%) et qu'il est de sa pleine autorité de gérer à son entière

---

[83] Dossier site Or noir Africa, Mapathé Sow (2019), « Sénégal – Fourniture de pétrole brut : l'entreprise Itoc perd le marché de la SA », in https://ornoirafrica.com/senegal-fourniture-de-petrole-brut-lentreprise-itoc-perd-le-marche-de-la-sar/

liberté commerciale le choix de ses fournisseurs pour son approvisionnement en bruts pétroliers.

En outre, dans les secteurs stratégiques, les pouvoirs publics sénégalais ont tout intérêt à développer des champions nationaux pétroliers, en favorisant leur compétitivité dans l'intérêt des contribuables sénégalais et des finances publiques.

Néanmoins, une question centrale se pose à présent : est-il toujours concevable de maintenir un quasi-monopole de la SAR pour les importations locales d'hydrocarbures alors qu'il s'agit d'une société formelle à majorité de capitaux privés régulant un marché national dont les acteurs subissent les prix ?

Cette situation nous parait ambiguë car soit la SAR est en situation de monopole et décide de manière discrétionnaire du choix de son fournisseur, soit elle permet la libéralisation des importations en achetant toute tierce cargaison de fournisseurs privés nationaux dont le prix serait équivalent à celui de ses importations conclues directement par ses soins.

Cependant, une pleine libéralisation des importations risquerait de ne porter que sur des produits raffinés au regard de la sous-compétitivité du raffinage local. Telle serait la stratégie de n'importe quel distributeur de l'aval pétrolier, de n'importe quel trader international s'il n'était pas soumis à une procédure contraignante, s'agissant de l'obtention de licence d'importation. Ce qui est sûr, c'est qu'une libéralisation complète des approvisionnements risquerait de condamner sans appel la filière raffinage que le pays a mis soixante ans à construire. Ce schéma est très improbable dans la perspective de l'exploitation prochaine du pétrole offshore sénégalais. La discussion sur la construction d'une nouvelle raffinerie n'est également pas à écarter.

L'autre solution qui permettrait d'éviter des conflits d'intérêts à propos de la SAR, société à présent contrôlée par des privés nationaux, serait d'imposer la création d'un organisme public d'approvisionnement pétrolier en raison du régime des prix homologués, ce qui permettrait de séparer les activités de raffinage, de trading, de stockage, de transport de brut pétrolier et de commercialisation interne. La conséquence serait que Senelec ne pourrait plus s'approvisionner directement à la SAR, puisqu'elle n'est pas une société pétrolière, et en plus, cela redonnerait du volume additionnel aux sociétés de l'aval, créant de la croissance externe dans ce sous-secteur et engendrant de nouvelles impositions sur le chiffre d'affaires.

En effet, en permettant à Senelec de se ravitailler auprès de la raffinerie locale, l'État renoncerait implicitement à de nouveaux impôts sur les bénéfices, compte tenu des lourds programmes d'investissements pluriannuels de Senelec qui sont de nature à absorber les bénéfices de son exploitation, alors que cela ne serait pas le cas des pétroliers, adjudicataires des volumes importants de Senelec.

Signalons du reste que pendant plusieurs décennies, le marché Senelec était un des marchés stratégiques, exclusivement attribué à Shell, puis au consortium formé de Shell et de Total, car Shell avait renoncé à prendre 100 % de ce marché compte tenu des importants retards de paiements de ce client. Ceci entretenait en son temps un important déficit chronique de trésorerie et de lourds frais financiers car le pétrolier devait régler entièrement la SAR, à échéance contractuelle.

Son attribution à la SAR visait donc à permettre des « arrangements » plus commodes avec le raffineur à l'époque où Senelec était au bord de la faillite et était plongée dans une situation de déficit structurel de production d'électricité, caractérisée par des « délestages » permanents d'électricité, fort handicapants pour la croissance économique du Sénégal et très pénibles pour les populations.

S'agissant de la société ITOC, nous indiquons que son chiffre d'affaires annuel s'élève en 2014 à 224 milliards de FCFA[84] (341,5 millions d'euros ou 400 millions de $US) contre 268 milliards de dollars en 2018 (486 millions de $US)[85] et que cet acteur stratégique dans la *supply chain* pétrolière et gazière devra inévitablement être amené à faire évoluer son *business model* avec l'entrée en service prochaine des gisements pétroliers et gaziers offshore.

Il serait ainsi intéressant de voir comment ITOC pourrait en sens inverse se positionner dans le trading international pour la vente des quotas de la production offshore du Sénégal, mais dans ce cas, il y a des chances qu'elle puisse être en forte concurrence avec la nouvelle filiale de Petrosen créée en mai 2020 pour la distribution de carburant.

Par la diversification de ses activités dans le cadre de sa nouvelle stratégie d'accès à la distribution pétrolière terrestre locale, Petrosen inaugure une nouvelle ère de changement de l'aval pétrolier et sa possible

---

[84] Dossier site or noir Africa, 2019, Mapathe Sow : « Sénégal : Baba Diao, surnommé le roi du pétrole » in https://ornoirafrica.com/senegal-baba-diao-surnomme-le-roi-du-petrole/
Dossier Dakar Time, 2019 : « Perte de gros marchés de la SAR : le déclin de l'empire ITOC » in https://www.sen360.sn/actualite/perte-de-gros-marches-de-la-sar-le-declin-de-lempire-itoc-23994/

[85] Attribution en 2018 de marchés d'approvisionnement à la SAR sans appels d'offres représentant 10 importations de tankers pour la valeur de 354 milliards de FCFA, dont 268 milliards attribués au fournisseur Addax/ITOC (taux de change 1 $ = 0,84 euro = 551 FCFA) : article du Dossier Dakar Time, 2019, rapportant les critiques du rapport 2019 de la Cour des comptes du Sénégal : « Perte de gros marchés de la SAR : le déclin de l'empire ITOC », *op. cit.*

reconfiguration du fait d'une probable redistribution des cartes, c'est-à-dire des parts de marché, au regard des capitaux publics massifs qui seront très certainement injectés dans cette activité commerciale, pouvant s'élargir également au trading international.

La question majeure posée est celle-ci : ne sommes-nous pas face à un cas typique de concurrence imparfaite, que certains concurrents privés pourraient vite considérer comme déloyale ?

Cette stratégie de pénétration de l'aval par Petrosen n'est-elle pas de nature à favoriser une société publique ? Cette critique est à mettre en relation avec le fait que cette société publique recevant des subventions publiques, elle sera moins tenue aux exigences fondamentales du contrôle de rentabilité, incontournable pour un investisseur privé ordinaire, naturellement soumis aux critères classiques d'allocation optimale de ressources, de choix d'investissements prioritaires, dans le cadre des processus financiers liés aux critères traditionnels de taux de rendement interne (TRI), de délai de récupération de l'investissement, de valeur nette actualisée (VAN). On se trouve dans le cas d'une rupture de l'égalité des chances entre les compétiteurs.

C'est la raison fondamentale pour laquelle dans l'Union européenne, la Commission de Bruxelles surveille étroitement le financement des déficits des entreprises nationales par les comptes publics dans le cadre de politiques nationales de subventions.

Autrement dit, n'existe-t-il pas un risque dans l'aval pétrolier sénégalais de voir une concurrence faussée entre les acteurs ?

Notre crainte réside dans le risque de faire supporter aux contribuables sénégalais des charges financières supplémentaires du fait de ces subventions d'investissement ou pis, le risque de leur faire supporter une « socialisation des pertes financières ».

Ce risque n'est pas, à notre avis, concevable dans une économie libéralisée, car l'État n'est obligé d'intervenir, d'agir comme un acteur économique privé et d'intégrer un écosystème concurrentiel qu'à la condition que son intervention permette de mieux réguler la concurrence. Il s'agirait d'obtenir de meilleures conditions d'approvisionnement et de tarification, autrement dit, l'État doit être en mesure de rationnaliser la concurrence et de faire baisser les prix intérieurs.

L'évolution du marché terrestre de l'aval nous donnera à très court terme une réponse à ces questions stratégiques d'optimisation de profit et de minimisation des coûts. Nous sommes face à des problématiques classiques que l'on rencontre en micro-économie mais qui dans le cas d'espèce, ont une portée macro-économique.

Étudions à présent le rôle de la SAR, qui se prépare à son tour à la nouvelle ère pétrolière par une stratégie d'investissements de modernisation.

La perspective du rôle accru de la Société Africaine de Raffinage

Divers projets antérieurs ont failli faire perdre à la SAR son statut de raffineur pour la spécialiser dans le stockage d'hydrocarbures au regards des importants programmes d'investissements[86] qu'elle devait réaliser avant 2025 afin ne pas perdre sa certification industrielle internationale, et qu'elle avait le plus grand mal à mettre en œuvre.

86 Voir étude faite en 2012 par le cabinet Citac Africa Ltd à partir de cinq hypothèses.

La SAR a connu une évolution de son actionnariat au cours des vingt dernières années. Contrôlée par les majors pendant les années 1980 à 2000 (Shell, Total, ExxonMobil), avec une participation minoritaire de l'État sénégalais à travers Petrosen, elle est devenue dans les années 1990 une raffinerie à capitaux publics sénégalais avec une augmentation de la participation de Petrosen, ayant racheté une partie des parts des majors. Elle fut sous capitaux privés saoudiens dans les années 2000 avec le groupe Bin Laddin avant d'être en 2019 sous le contrôle de capitaux sénégalais, à travers la participation majoritaire de la société de crédit-bail Locafrique.

Créée en 1963, la SAR est la plus ancienne raffinerie d'Afrique de l'Ouest. Elle a connu une constante augmentation de ses capacités de raffinage, passant au cours de son histoire d'une capacité de raffinage d'origine de 600 000 tonnes, portée successivement à 800 000 tonnes puis à 1 200 000 tonnes.

Sa conception en tant que raffinerie porte sur des processus simples de distillation contrairement à la Société Ivoirienne de Raffinage (SIR), dotée depuis longtemps d'une unité d'hydrocraquage lui permettant d'avoir des produits de meilleurs qualité, c'est-à-dire des mélanges de kérosène et d'hydrocarbures plus légers (gaz et essence), moins chargés en soufre. L'hydrocraquage permet de craquer des chaînes plus longues de produits chimiques et ainsi d'optimiser le raffinage en obtenant tous les résidus chimiques qu'un craquage catalytique ne saurait réaliser. Ce processus permet donc de casser « une molécule organique complexe en éléments plus petits, notamment des alcanes, des alcènes, des aldéhydes et des cétones »[87].

[87] Voir Richard S. Kraus (1997), « Le raffinage du pétrole », in http://www.ilocis.org/fr/documents/ilo078.htm

Il améliore le rendement du raffinage en allant le plus loin possible dans la distillation de la colonne de produits chimiques.

La SAR a eu l'ambition dès 2021 de porter sa puissance pétrochimique à 1 500 000 tonnes, mais n'a pu, à cause de la pandémie covid-19, entreprendre qu'en 2022 son investissement de « dégoulottage » et les travaux d'extension de ses installations[88] qui se composent comme suit :

- une unité de distillation atmosphérique et sous vide,
- une unité de reforming atmosphérique,
- une unité (mérox) de traitement de kérosène.

Les autres chantiers[89] d'amélioration des processus industriels portent sur divers projets d'analyse de stratégie opérationnelle et logistique approuvés par le ministère du Pétrole et de l'Énergie. Il s'agit d'un ambitieux programme d'études portant sur :

- une analyse des modalités de l'extension de la puissance de traitement des bruts pétroliers permettant de doubler la capacité de raffinage pour atteindre 3,5 millions de tonnes par an ;
- une réflexion sur les stratégies de renforcement de l'entreposage national des produits pétroliers raffinés pour aboutir à l'efficacité optimale des investissements, de la maîtrise des risques opérationnels et de la déconcentration ;
- un *operating plan* pour l'implantation de conduites sous-marines (*sealines*) de produits blancs reliés au site de Mbao de la SAR pour la réception de tankers

[88] Voir présentation des perspectives de la SAR sur le site du ministère du Pétrole et des Énergies : http://www.energie.gouv.sn/distribution-aval/

[89] *Idem*.

à fort tirant d'eau de 120 000 tonnes contre des navires actuellement de taille plus réduite pouvant transporter 50 000 tonnes au wharf pétrolier du port autonome de Dakar. Cela naturellement influe sur les prix et les quantités commandées ;

- un *design* sur la possibilité de réalisations d'un nouveau réseau de tuyauteries reliant le port et la SAR, permettant une plus grande fluidité de trafic à l'intérieur du port de Dakar et sur les routes de la capitale ;
- un plan d'orientation stratégique et opérationnelle pour le pétrole et le gaz ;
- une optimisation du système de management global de risques industriels généraux et de la santé dans toutes les composantes de l'hygiène, de la qualité, de la sécurité et de l'environnement (HQSE) relativement à l'intervention des acteurs, aux systèmes d'audit, aux révisions et mises à jour des instruments et des procédures internes régissant la matière ;
- une réflexion sur le leadership de la SAR sur le plan sectoriel pour pousser à l'élaboration, la négociation et la signature d'une convention collective de la branche des hydrocarbures ;
- une vision globale pour l'amélioration des normes et spécifications conformément aux meilleurs standards internationaux en collaboration avec les organisations régionales.

La SAR doit également envisager un programme de construction d'une unité de désulfurisation afin de pouvoir traiter le soufre des bruts pétroliers offshore qui seront extraits de l'amont pétrolier, que nous présentons ci-dessous.

Le directeur général de la SAR[90] estime en outre qu'un certain nombre d'actions stratégiques doivent être entreprises à un niveau continental :

- l'Afrique a le défi de la standardisation des produits fournis ;
- le continent est confronté à l'exigence de la mise aux normes de ses raffineries ;
- l'émergence de marchés sous-régionaux importants contribue à la compétitivité des raffineries locales ;
- l'harmonisation du cadre légal est un élément majeur de l'attractivité des IDE dans le secteur pétrolier.

En définitive, pour l'instant, la SAR se fixe deux grands objectifs que sont, d'une part, la modernisation de ses installations afin de pouvoir traiter le pétrole sénégalais offshore, et d'autre part, réduire le volume des importations de produits raffinés tout en suivant avec intérêt le programme « *Gaz to Power* » de Senelec.

Pour concrétiser ces programmes techniques, la SAR et l'opérateur pétrolier TechnipFMC ont un signé un contrat de mise à niveau de la raffinerie, entrant dans le cadre de son projet de modernisation de la raffinerie, baptisé « SAR 2.0 », et en vue de l'extension de ses capacités opérationnelles à 3 millions de tonnes à l'horizon 2025. C'est un facteur clef de sa réussite et de son nouveau positionnement sur le marché sous-régional des produits pétroliers. Ce financement des investissements de la SAR est évalué à 400 milliards de FCFA.

---

[90] Voir dossier 2019 de *Jeune Afrique* : « Mise à niveau : la Sar va augmenter sa capacité de production de 30 % », in https://www.lequotidien.sn/mise-a-niveau-la-sar-va-augmenter-sa-capacite-de-production-de-30/

Paragraphe II : L'amont pétrolier

A. Le rôle stratégique de Petrosen dans les découvertes pétrolières et gazières

Petrosen, comme nous l'avons déjà brièvement indiqué, est l'opérateur public chargé de la valorisation et du développement des ressources offshore. Son actionnariat est constitué à 99 % par l'État du Sénégal et à 1 % par la Société Nationale de Recouvrement.

Sa structure juridique a évolué en janvier 2020 en une structure holding, la Société des Pétroles du Sénégal, en abrégé Petrosen Holding SA, et deux filiales :

- Petrosen Exploration & Production SA (Petrosen E&P SA),
- Petrosen Trading & Services SA (Petrosen T&S SA).

La structure s'occupe de renforcer les comptes des deux filiales en des états financiers consolidés au niveau du groupe multinational et surtout de rechercher toute opportunité d'investissement financier. Elle maintient en outre une surveillance générale de son domaine d'activité traditionnel et ainsi, elle analyse les opportunités économiques se rapportant à « la recherche, l'exploitation et la gestion de toutes activités industrielles et commerciales dans les domaines des hydrocarbures, des énergies »[91]. L'entité de trading exploite divers segments nouveaux de l'aval, allant des ventes et achats de combustibles à l'international en passant par le transport, le raffinage, le stockage et la distribution terrestre. Il s'agit plus d'une énumération statutaire visant toutes les hypothèses d'activités dans le secteur pétrolier plutôt que d'un véritable investissement économique stratégique sur toutes les filières de l'aval.

[91] Voir site Petrosen au sujet de ses missions, in http://dfa-labo.com/petrosen/index.php/les-missions-de-structure/

Pour l'instant, il est fort probable que l'accent soit mis essentiellement sur la distribution locale et internationale. Quant à Petrosen E&P SA, elle reprend le cœur de métier traditionnel de la société d'origine Petrosen en matière d'exploration pétrolière. C'est en quelque sorte l'autonomisation de son ancienne direction opérationnelle. Sur ce plan, Petrosen E&P SA est l'héritière des quarante années d'expérience de la société d'origine et ne devrait pas connaître d'inflexion majeure de sa stratégie opérationnelle antérieure.

Elle s'occupe ainsi de promouvoir la politique marketing de l'offshore en fournissant aux opérateurs l'accès à l'importante banque de données sismiques patiemment constituée par des décennies de campagnes d'exploration terrestre et maritime.

Les grandes étapes et années repères de ces recherches vont mettre en œuvre des phases terrestres de prospection de 1952 à 1961, recommencées en 1971, des phases maritimes alternées depuis 1962, avec un dynamisme accru à partir des années 2010.

Ces étapes sont les suivantes[92] :

- ***Avant l'indépendance du pays*** : des organismes publics français vont être les précurseurs de la recherche pétrolière au Sénégal.
    - Des travaux d'exploration débutent dans la presqu'île du Cap-Vert dès 1917 et rapportent des indices de bitumes.
    - En 1952, le BRP (Bureau des recherches pétrolières) entreprend jusqu'en 1955 une

---

[92] Oumar Dia (1978), « Recherche et possibilités pétrolières du Sénégal », in *Ethiopiques* numéro 13, revue socialiste de culture négro-africaine : http://ethiopiques.refer.sn/spip.php?page=imprimer-article&id_article=452

cartographie pétrolière de l'Afrique Occidentale Française avec l'appui de la Mission de préreconnaissance pétrolière (MPP-AOF).

- La SAP (Société Africaine de Pétrole) créée en 1955 poursuivit jusqu'en 1962 cette exploration terrestre et put mettre à jour un gisement dans la zone de Dakar (Diamniadio) et même réaliser une petite production de 10 000 m^3 de pétrole brut, traité par la SAR, avant qu'elle n'arrête ses activités en 1962, après avoir rencontré de nombreux forages stériles.
- D'autres sociétés telles que la Société des Pétroles du Sénégal (SPS), la Compagnie pétrolière Total Afrique de l'Ouest (COPETAO), firent également plus d'une centaine de forages terrestres infructueux et dépensèrent plus de 10 milliards de FCFA.

- ***À l'indépendance jusqu'aux années 1970 :*** outre la poursuite des forages terrestres[93], l'option stratégique d'effectuer des forages en mer fut prise par l'État et cette exploration confiée à la COPETAO qui, entre 1965 et 1969, effectua de nombreux forages offshore avec la barge *Île-de-France*, construite pour explorer des fonds de 1400 mètres de profondeur. Cela permit ainsi la découverte au large du fleuve Casamance, en avril 1968, d'un gisement d'huile lourde, Dôme Flore, d'un potentiel de 100 millions de tonnes, non exploité pour raisons économiques et des désaccords avec la Guinée-Bissau.

[93] Ces forages furent initiés par les sociétés Esso Exploration Sénégal, Shell-Senrex.

- ***Des années 1980 jusqu'aux découvertes des années 2014 :*** Petrosen continua de promouvoir le bassin sédimentaire sénégalais et conclut divers accords de partenariats internationaux de prospection en se concentrant sur la partie maritime.

Ces différentes étapes dans la prospection vont finalement aboutir aux importantes découvertes pétrolières et gazières de 2014 que nous étudions ci-après, après une présentation générale des champs de prospection, comprenant 9 blocs maritimes et 5 blocs terrestres. Hormis le petit gisement de Gadiaga foré sur la période 1997-2007 et continuant toujours sa production, à ce jour, seules les zones de Sangomar, Cayar Offshore Profond, de St-Louis Offshore Profond ont donné des résultats probants, très encourageants pour les autres blocs. Nous reproduisons ci-dessous la carte d'exploration maritime et terrestre du pays.[94] Comme nous pouvons l'observer, les blocs attribués concernent 17 sociétés. Nous précisons qu'entre-temps, en 2017, le major Total Exploration est rentré dans la course en reprenant un bloc maritime précédemment attribué à African Petroleum Corporation, une société de Frank Timis, l'opérateur pétrolier qui avait défrayé la chronique car accusé par ses détracteurs d'avoir bénéficié de faveurs publiques, accusation faite par l'ONG Eyes, diffusant un reportage sur la BBC anglaise. Il lui était aussi reproché d'avoir réalisé des transactions spéculatives avec BP. Nous étions, du reste, très circonspect sur ces accusations.[95]

---

[94] Présentation faite par le directeur général de SAR, M. Serigne Mboup, lors d'un séminaire de l'ITIE de 2017.

[95] Pape Mamadou Touré (2019), « Quand la BBC prend des libertés avec les institutions politiques sénégalaises, une tempête dans un verre d'eau », in http://lesoleil.sn/amp/dossier-petrole-de-maitre-pape-mamadou-toure-expert-maritime-petrolier-membre-de-lones-ordre-

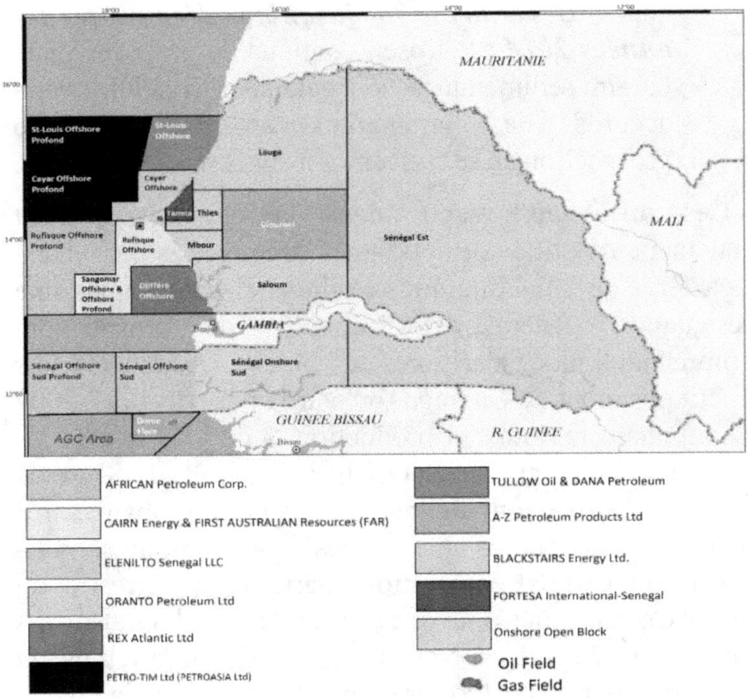

Étudions les découvertes faites en 2014, 2015 et 2016 dans les blocs de St-Louis Offshore Profond, de Cayar Offshore Profond, de Rufisque et de Sangomar Profond.

Le champ du bloc St-Louis Offshore Profond[96] comporte un puits, Grand Tortue, qui s'étend sur une zone maritime à cheval entre le Sénégal et la Mauritanie. Elle couvre une superficie de 6955 km^2 . Quant aux deux autres puits de ce bloc, Téranga et Yakaar, ils sont compris dans les eaux territoriales sénégalaises. Les réserves de Grand Tortue Ahmeyim (GTA) sont estimées à 20 Tcf (560 milliards de m^3). Celles de Téranga et de Yakaar sont évaluées

national-des-experts-du-senegal-analyste-en-strategie-internationale-arbitre-agree-au-centre/

[96] Répertoire pétrolier Sénégal 2019, in https://itie.sn/liste-des-permis/

respectivement à 5 Tcf (140 Md m^3) et 15 Tcf (420 Md m^3). Au total, ce bloc de St-Louis Offshore Profond fait l'objet d'une estimation de réserves de 40 Tcf, soit 1120 milliards de m^3. Ces estimations devront faire l'objet de confirmations complémentaires. Dans le champ de St-Louis Offshore Profond, la priorité est accordée au développement et à l'exploitation de GTA qui sera développé en trois phases, la première produisant environ « 2,5 millions de tonnes de gaz naturel liquéfié par an, pour l'exportation, et 70 millions de pieds cubes par jour de gaz (environ 500 mégawatts) »[97].

1. *Carte champ Grand Tortue Ahmeyim*

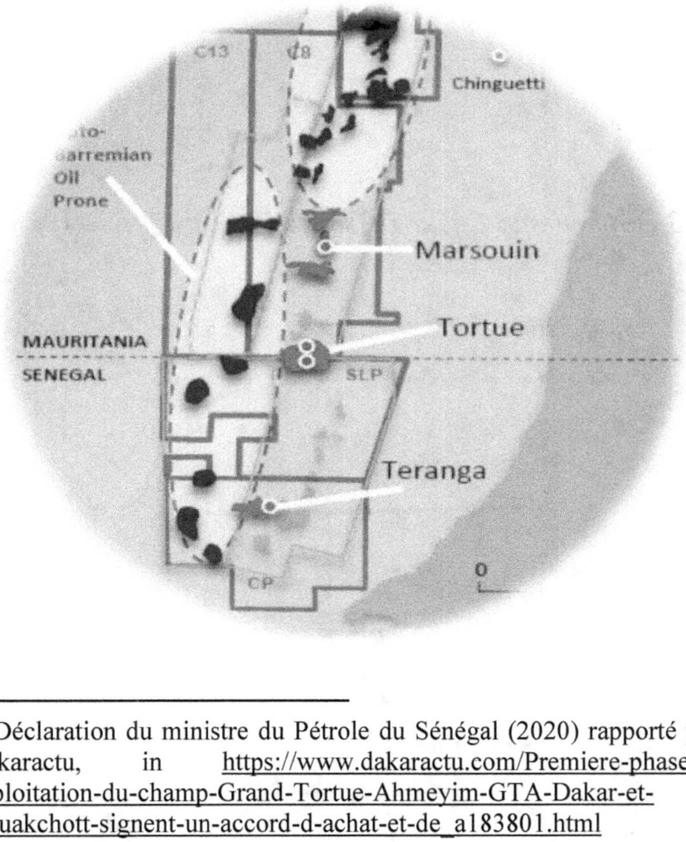

[97] Déclaration du ministre du Pétrole du Sénégal (2020) rapporté par Dakaractu, in https://www.dakaractu.com/Premiere-phase-d-exploitation-du-champ-Grand-Tortue-Ahmeyim-GTA-Dakar-et-Nouakchott-signent-un-accord-d-achat-et-de_a183801.html

2. *Carte Sangomar Deep Profond (gauche)*

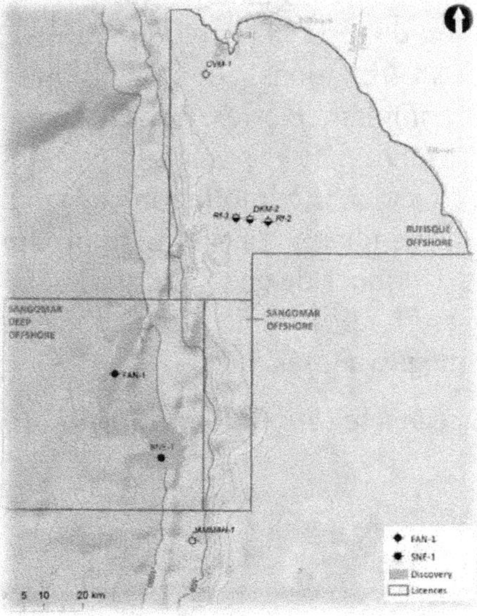

3 carte champ Cayar Offshore Profond (droite)

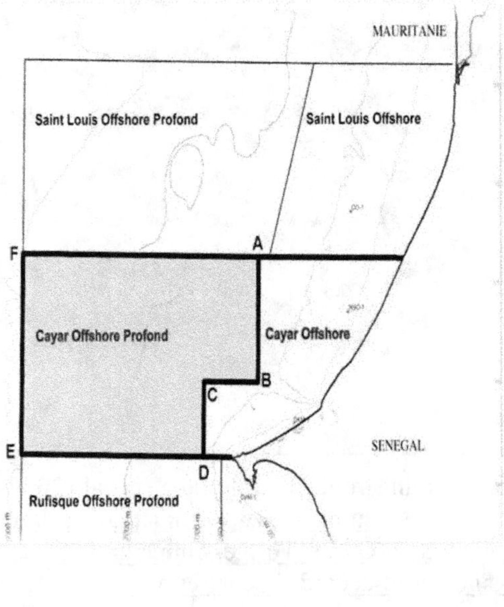

La phase 1 du développement de GTA exigera la mobilisation de 4,8 milliards de $US dont un apport de 481 millions de dollars à la charge de Petrosen. Les réserves pronostiquées de ce champ gazier pourraient porter[98] sur le champ du bloc de Sangomar Profond, qui pour sa part a donné lieu également, en 2014, aux découvertes des puits FAN-1, SNE-1, FAN South1, SNE North-1.

L'évaluation complète du puits SNE-1 a mis en exergue des réserves de l'ordre de 346 à 998 millions de barils de pétrole et l'exploitation de ce gisement implique la mobilisation d'un investissement de 5,83 milliards de $US dont une quote-part de Petrosen de 1,05 milliard de $US correspondant à sa participation de 18 %. Les premières phases de développement des deux programmes GTA et SNE-1 vont ainsi coûter un investissement de 10 milliards de dollars.

Ces perspectives prometteuses du développement de l'offshore pétrolier sont le fruit d'une opiniâtreté des pouvoirs publics, d'une cohérence des différentes politiques d'exploration mises en place depuis plus de soixante ans, ainsi que de la prise de risques des acteurs privés. Ces derniers, bien qu'analysant de façon rationnelle les différents indices, données sismiques, études, rapports précédents, n'en sont pas moins conscients de leur forte exposition financière, car l'exploration est par nature une activité risquée où les chances de succès sont minces (10 % à 15 % de chances et les coûts de la prospection d'un puits

[98] Dossier 2019 du site Afrique le 360 : « Mauritanie-Sénégal : British Petroleum confirme des réserves de gaz proches de celles de la Lybie », in https://afrique.le360.ma/mauritanie-senegal/economie/2019/12/08/28788-mauritanie-senegal-british-petrolium-confirme-des-reserves-de-gaz-proches-de-celles

pétrolier s'élèvent entre 20 et 100 millions de $US).[99] Cependant, la prise de risque est à la hauteur des gains énormes attendus, car les prévisions financières chiffrent en l'espèce les recettes pétrolières futures de l'État du Sénégal tirées juste de deux puits à 30 milliards de dollars pendant trente ans, soit une rente pétrolière pour les finances publiques de 1 milliard de dollars par an. Cela a fait dire au Président Macky Sall que « le bassin MSGBC est loin d'avoir révélé tout son potentiel »[100]. L'ancien directeur de Petrosen, M. Mamadou Faye, estimait quant à lui que « l'on a encore plus de 30 ans de recherches devant nous et qu'il faut s'attendre à d'autres découvertes ».

B. Les autres acteurs

Le développement du pétrole et du gaz au Sénégal a impliqué la collaboration entre différents acteurs institutionnels.

I. Les acteurs publics

i. L'Administration centrale

Nous pouvons citer les acteurs suivants, que sont le ministère du Pétrole et de l'Énergie, des comités techniques spécialisés que sont le Comité d'orientation stratégique pour le pétrole et le gaz (Cos-Petrogaz) et l'Unité d'exécution et de gestion du Comité d'orientation stratégique du pétrole et du gaz (Ges-Petrogaz), le Comité national des hydrocarbures (CNH), la Direction nationale

---

[99] Voir présentation du ministre du Pétrole (2018) lors de la conférence-débat sur les impacts économiques des découvertes de pétrole et de gaz naturel. https://www.iuedsenegal.org/Conference.pptx.

[100] Déclaration du Président Macky Sall au forum du MSGBC de Dakar des 28 et 30 janvier 2020. https://www.seneweb.com/news/Economie/le-bassin-msgbc-n-a-pas-revele-tous-ses-_n_199811.html

des Hydrocarbures, et la Commission de régulation du secteur de l'électricité (CRSE).

Les attributions du ministre du Pétrole et de l'Énergie sont établies par le décret n° 2019-780 du 17 avril 2019. Elles concernent pour l'essentiel la mise en valeur du potentiel pétrolier et gazier du Sénégal, la supervision du fonctionnement correct de l'industrie pétrolière et énergétique du pays, l'élaboration du cadre légal des activités, et la promotion du développement de l'énergie renouvelable, de l'électrification rurale, et de l'efficacité énergétique.

La Commission de régulation du secteur de l'électricité (CRSE) est une instance de régulation du fonctionnement du secteur de l'énergie, un cadre d'analyse des grandes orientations stratégiques concernant les politiques sur la production, le transport et la consommation d'électricité au Sénégal. Elle suit attentivement l'évolution de la tarification de l'électricité de Senelec et se prononce avant tout changement des prix.

Prévue par le PSE au titre de l'institution d'une Commission de régulation de l'énergie, une fusion du CRSE et du CNH est donc ainsi intervenue par l'effet de la loi n° 2021-32 portant création, organisation et attributions de la Commission de régulation du secteur de l'Énergie et de son décret d'application du 12 septembre 2022 portant organisation et fonctionnement de la Commission de régulation du secteur de l'Énergie.

Elle reprend les anciennes missions du CNH consistant notamment en l'appui du ministère du Pétrole et des Énergies renouvelables en matière d'instruction des demandes de licences des distributeurs de produits pétroliers et de préparation des arrêtés fixant la structure des prix.

Le Cos-Petrogaz, pour sa part, est un conseil réunissant le président de la République, des ministres, des représentants de diverses institutions ainsi que divers membres représentant la société civile. Sa mission est de permettre un dialogue sur les orientations stratégiques de la politique pétrolière du Sénégal. Il est rattaché au cabinet du président de la République et il contribue à la structuration d'une expertise technique. Il formule des avis et oriente l'élaboration de la stratégie de gestion des activités offshore tout en attirant l'attention de l'autorité publique sur l'évolution des risques stratégiques de l'industrie de l'offshore et sur la préservation des intérêts du Sénégal quant à l'exploitation de son gaz et de son pétrole.

Le Cos-Petrogaz entretient un lien fonctionnel avec le Ges-Petrogaz, une unité opérationnelle placée sous le contrôle hiérarchique du ministre du Pétrole et de l'Énergie et chargée de mettre en œuvre les recommandations du Cos-Petrogaz validées par le président de la République. Le Ges-Petrogaz peut également être chargé d'études techniques à la demande du Cos-Petrogaz, comme l'audit international de la structure des coûts opératoires de l'exploitation offshore, d'autant qu'ils déterminent *ab initio* la part des recettes publiques du fait qu'ils sont supposés avoir été exposés en vue des découvertes de gisements pétroliers intervenues plus tard.

Quant à la Direction nationale des Hydrocarbures, elle est chargée de concevoir et d'appliquer les stratégies du secteur des hydrocarbures bruts. Elle doit gérer les bases de données de l'exploration d'hydrocarbures et promouvoir le potentiel des bassins sédimentaires sénégalais inexplorés, mais faute de moyens, ce travail est fait par Petrosen.

II. Les acteurs privés

ii. Les partenaires des joint-ventures avec Petrosen

Les partenaires de la JV du bloc Sangomar sont les sociétés australiennes FAR Ltd, Woodside Energy et Cairn Energy (via sa filiale sénégalaise Capricorn), ainsi que Petrosen, dont nous indiquons ci-après les participations respectives. Il est à noter l'intention de la SAR de porter prochainement sa participation à 18 %. Cette augmentation de 8 % sera proportionnellement répartie entre actionnaires, ce qui entraînerait une réduction des parts de Cairn de 4 %, de Woodside de 2,8 % et de FAR de 1,2 %.

Le nouveau tour de table se présenterait ainsi : Petrosen 18%, Woodside 32,2 %, FAR 13,8 %, Cairn 36 %. Cependant, cette dernière vient d'annoncer la cession de sa participation dans la JV au russe Lukoil. Cette cession est soumise à l'approbation de l'État du Sénégal. Quant à FAR, elle fait l'objet d'une notification de mise en défaut par le ministère sénégalais du Pétrole et de l'Énergie à la suite de l'appel de fonds émis en mai 2020 par Woodside pour l'échéance de juin 2020 et d'un retard de paiement de FAR qui disposait d'un délai d'un mois pour régler l'appel de fonds conformément à ses obligations. Cette notification de défaillance a pour effet de suspendre la participation de FAR dans la gestion de la JV. L'entreprise avait six mois pour verser sa quote-part sur les investissements de développement du projet Sangomar, ce qui ne fut pas fait et donna lieu à la reprise des actions de FAR par Woodside.

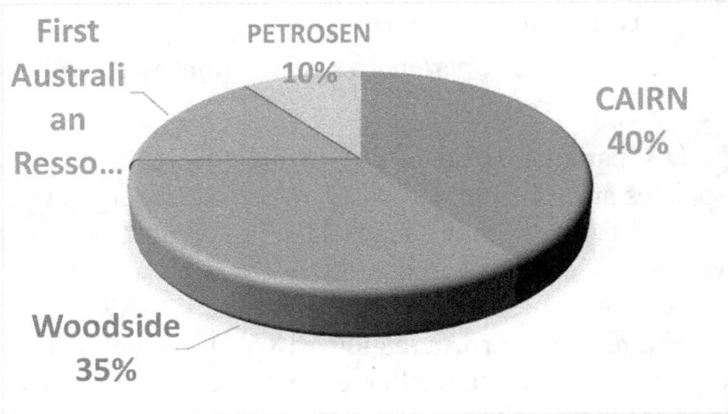

Dans le projet St-Louis Offshore, on retrouve les actionnaires suivants :

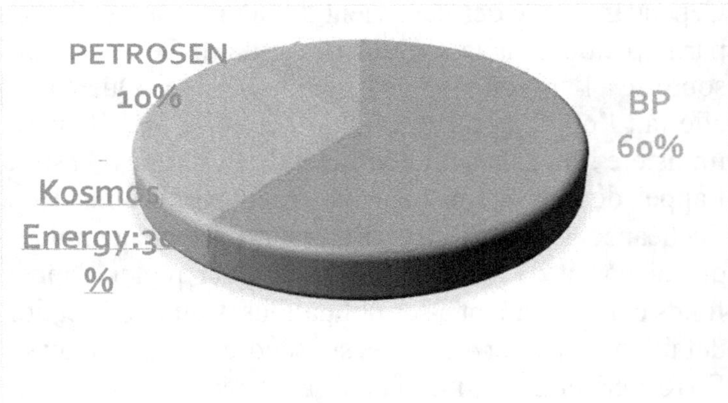

Il est à noter une évolution de l'actionnariat avec les cessions à BP des 30 % de parts de Frank Timis et de 27,5 % du portefeuille de Kosmos.

iii. Les autres prospecteurs

Les autres prospecteurs offshore sont :

- Total E&P Sénégal : bloc Rufisque Offshore Profond ;
- Oranto Petroleum Limited: bloc St-Louis Offshore, Cayar Offshore;
- Trace Atlantic Ltd (Rex Atlantic Ltd): bloc de Djiffère offshore.

Signalons l'annulation du contrat offshore Sud Profond détenu par African Petroleum.

Quant à la prospection et l'exploitation terrestre, elle se limite aux activités de Forteza Senegal International pour le bloc Djender suite à l'annulation par l'État, pour cause de non-respect des engagements de travaux de prospection, du contrat Saloum & Senegal onshore de Tender Oil & Gas. Précédemment, d'autres contrats de prospection terrestre et maritime avaient été également annulés pour la même cause de carence, contrats des sociétés :

- Enelilto Senegal LLC,
- Tullow Oil 1 Dana Petroleum,
- AZ Petroleum Products Ltd,
- Blackstairs Energy Ltd.

Passons à présent à la présentation rapide du secteur de l'énergie.

Paragraphe II : Le secteur de l'énergie

Le secteur de l'énergie est quasiment dominé par l'acteur historique, la Société nationale d'électricité (Senelec), acteur essentiel de la stratégie de croissance de l'économie et du PSE qui se fixe l'objectif majeur de l'accès universel à l'électricité en 2025.

La mise en œuvre de ces objectifs sont rappelés dans la Lettre de politique de développement du secteur de l'énergie (LPDSE 2019-2023)[101] visant à :

- assurer un approvisionnement sécurisé du pays en énergie, suffisant et de qualité ;
- développer l'accès à l'électricité à moindre coût avec une qualité et une continuité de service ;
- renforcer l'accès des populations aux combustibles modernes de cuisson ;
- renforcer la gouvernance, la régulation, le financement et le suivi-évaluation du secteur.

Ainsi, comme précédemment indiqué, au vu de l'importance économique de l'électricité absorbant près de 30 % des importations de pétrole à la production d'électricité, nous nous appesantirons davantage sur le secteur de l'électricité thermique que sur les autres sources d'énergie renouvelable.

Nous rappelons donc la stratégie des acteurs de l'électricité thermique ainsi que les projets que Senelec entend réaliser au titre de sa stratégie *Gas to Power* visant à faire fonctionner ses centrales électriques au gaz naturel. Commençons tout d'abord par la présentation du bilan énergétique du Sénégal.

Les sources d'énergie suivantes constituent le cadre du bilan énergétique de 2018 de Senelec[102] à l'économie

---

[101] Lettre de politique de développement du secteur de l'énergie (LPDSE 2019-2023), in Fiche d'opportunité secteur électricité pour le groupe consultatif 2018. http://www.finances.gouv.sn/wp-content/uploads/2019/02/fiche-dopportunite-sectorielle-energie.pdf

[102] Voir rapport annuel Senelec 2018, in http://www.senelec.sn/wp-content/uploads/2020/04/Rapport-Annuel-Senelec-2018.pdf
Voir dossier d'Ahmadou Saïd Ba (2018), travaux de recherches, laboratoire Paris Dauphine, « Analyse de la politique d'efficacité

sénégalaise (puissance installée par source d'énergie, ou *Power Supply Mix*) :

- puissance installée des centrales thermiques : 1031 MW soit 82,55 % ;
- puissance installée des centrales hydroélectriques : 75 MW soit 6 % ;
- puissance installée des centrales solaires : 143 MW soit 11,45 % ;
- total de la production nationale d'électricité : 1249,29 MW soit 100 %.

Cette production d'électricité se répartit entre Senelec et des producteurs privés :

- puissance installée du parc de production Senelec : 505,89 MW soit 40,49 % ;
- puissance installée des unités des producteurs privés : 743,40 MW soit 59,51 %.

Il est à noter l'entrée en service depuis décembre 2019 d'un parc de 16 éoliennes sur le site de Taiba Ndiaye fournissant 50 MW dans le réseau Senelec, ce qui représente 22 % de la puissance énergétique nationale. La totalité des 158 MW des 46 turbines sera en principe sur le réseau Senelec dans le courant 2020[103], ce qui devrait porter l'énergie éolienne à 50 % de la part des énergies

énergétique du Sénégal Barrières et perspectives », in https://hal.archives-ouvertes.fr/hal-01956216/document

[103] Dossier journal *Le Monde*, février 2020, « Le Sénégal en avance pour la part de l'éolien dans son mix énergétique », in https://www.lemonde.fr/afrique/article/2020/02/25/le-senegal-en-avance-pour-la-part-de-l-eolien-dans-son-mix-energetique_6030784_3212.html
Dossier magazine *Jeune Afrique*, Estelle Maussion (2020), « Énergies renouvelables : comment expliquer le succès du Sénégal ? », in https://www.jeuneafrique.com/916449/economie/energies-renouvelables-comment-expliquer-le-succes-du-senegal/

renouvelables et représenter 30 % du mix énergétique du pays.

S'agissant du programme *Gas to Power* de Senelec, il porte sur la modernisation des équipements ainsi que sur la reconversion industrielle et l'adaptation des centrales électriques au gaz naturel. Il s'agit de tirer profit des découvertes de gaz et d'abaisser le coût de production de l'électricité pour renforcer la compétitivité des entreprises sénégalaises.

Senelec a également élaboré un plan stratégique quadriennal sur la période 2016-2020 qui porte sur l'amélioration de ses processus industriels et son management.[104] Ce plan s'ordonne autour 5 grands axes :

1. L'optimisation de l'offre afin d'assurer la satisfaction de la demande d'électricité par un accroissement de l'efficacité du parc des centrales électriques ;
2. La modernisation de l'infrastructure de transport de l'électricité pour réduire les pertes d'exploitation du réseau électrique ;
3. La croissance de la production, du chiffre d'affaires et du taux de satisfaction clientèle ;
4. La combinaison de l'excellence opérationnelle et la rentabilité financière de l'entreprise ;
5. L'amélioration des opportunités économiques grâce à un meilleur rendement du portefeuille découlant d'une plus grande diversification de ses activités.

Nous relevons dans ce plan le souci d'une plus grande maîtrise opérationnelle portant sur les approvisionnements de combustibles, et sur la production et le transport d'électricité :

[104] Voir plan Yeesal de Senelec, in http://www.senelec.sn/espaces-perspectives-projets/presentation-du-pse/

- *mise en œuvre des grands projets de production inscrits au Plan de Production 2017-2030 ;*
- *mise en œuvre des projets de développement de la production régionale ;*
- *mise en œuvre des projets de réhabilitation des équipements du parc de production ;*
- *mise en œuvre des autres projets de production sur la période 2017 à 2020 ;*
- *mise en place d'un programme de sensibilisation aux écogestes et à l'efficacité énergétique ;*
- *étude de faisabilité d'une centrale virtuelle d'au moins 100 MW par l'efficacité énergétique ;*
- *étude de faisabilité d'un projet de production solaire décentralisée avec stockage de 100 MWc ;*
- *mise en œuvre des projets de développement du réseau de transport ;*
- *actualisation du plan de protection.*[105]

Concluons sur la présentation du bilan énergétique global suivant les données 2013[106] du Sénégal, qui se répartit comme suit :

- produits pétroliers : **39 %**
- o gaz naturel, essence, diesel, fioul, kérosène,
- o pétrole lampant, gaz de pétrole liquéfié ;
- consommation de biomasse (bois de feu, charbon de bois, déchets végétaux)[107] : **42 % ;**
- Principale source d'approvisionnement en énergie pour les ménages (**84 %**) :

---

[105] Plan Yeesal, *op. cit.*, pp. 138-139.

[106] *Revue des énergies renouvelables*, vol. 21, n° 1 (2018), pp. 73-88. Dossier de Bertrand Tchanche (2018), « Analyse du système énergétique du Sénégal », Département de Physique, Université Alioune Diop de Bambey, in https://www.cder.dz/download/Art21-1_9.pdf

[107] Filière biomasse – statistiques ministère du Pétrole et de l'Énergie, in http://www.energie.gouv.sn/filiere-biomasse/#

- charbon minéral : **8 %**
- autre sources électricité : **11 % ;**
    - solaire, éolien,
    - hydroélectricité, gaz naturel.

Section II. Le cadre de gouvernance et l'accès transparent aux ressources : une concurrence régulée

Paragraphe I. Les principes généraux pour accompagner la bonne exécution des accords pétroliers

Divers textes affirment le principe de l'exigence d'une bonne gouvernance, caractérisée par la transparence au sujet des fonds générés par les ressources naturelles ainsi qu'une répartition inclusive pour notamment améliorer la situation sociale des populations les plus pauvres à travers de grands programmes sociaux.

A. La Constitution

La révision de la Constitution a rendu solennel le principe de la propriété des ressources naturelles par le peuple et affirme également le devoir de surveillance des citoyens contre la corruption. Elle sacralise ainsi le devoir de bonne gouvernance et de lutte contre la corruption.[108] Cela permet plus facilement de faire de la conformité avec les principes de l'ITIE, à savoir, la déclaration des versements effectués par les multinationales du secteur extractif, une exigence naturelle de gouvernance et de forte légitimité, opposable à tous, État et entreprises, quand bien

[108] L'article 25, alinéas 2 et 3 disposent ainsi : « Tout citoyen a le devoir de défendre la patrie contre toute agression et de contribuer à la lutte contre la corruption et la concussion.
Tout citoyen a le devoir de respecter et de faire respecter le bien public, mais aussi de s'abstenir de tous actes de nature à compromettre l'ordre, la sécurité, la salubrité et la tranquillité publics. »

même cette exigence n'avait pas, avant l'adoption du nouveau Code pétrolier de 2019, de base légale.

B. L'initiative pour la transparence dans les industries extractives

Les rapports annulés par l'ITIE, retraçant l'ensemble des flux financiers du secteur des industries extractives encaissés par l'État, permettent à la société civile d'être plus exigeante vis-à-vis des pouvoirs publics en étant mieux informée. Cela permet d'avoir une meilleure qualité des débats entre les pouvoirs publics et la société civile. Cette dernière peut plus facilement demander des comptes aux pouvoirs public sur l'utilisation des ressources financières reçues au titre des diverses redevances. Cette disposition initialement prévue pour le secteur minier s'applique tout naturellement au secteur des activités pétrolières et gazières offshore. L'entrée en exploitation des gisements offshore rendra encore plus importante la portée des rapports annuels élaborés par un expert indépendant, chargé de faire la réconciliation entre les comptes publics et les comptes privés.

Le Sénégal est pour l'instant bien évalué par les auditeurs ITIE et a reçu la note « progrès satisfaisants » constituant un *rating* de bonne gouvernance encourageant pour les dirigeants politiques et l'approfondissement permanent de la vieille tradition démocratique sénégalaise. Cependant, le contrôle de la propriété réelle des sociétés minières est un élément de renforcement de la sincérité déclarative des gouvernants et permet d'éviter les situations préjudiciables à l'intérêt public découlant des conflits d'intérêts personnels. Ceci est un des axes prioritaires de l'ITIE que les revues périodiques s'attachent de bien contrôler. D'autres dispositifs plus classiques de la lutte frontale contre la corruption existent également dans l'arsenal législatif et donnent à l'État les éléments contraignants d'une politique de bonne gouvernance.

Paragraphe II. Les dispositifs de droit commun de lutte contre la corruption et les transferts monétaires illicites

Le Sénégal a adhéré aux grands textes internationaux[109] sur la lutte contre la corruption et a consacré cette exigence en principe constitutionnel, affirmant par là le volontarisme des pouvoirs publics à assurer une « gestion sobre et vertueuse »[110] des deniers publics et ressources naturelles.

Différents dispositifs sont actionnés pour lutter contre ce phénomène endémique entravant le développement du Sénégal et soulignés par les autorités publiques dans le PSE. Quelques avancées sont perceptibles mais elles sont encore insuffisantes. Le Sénégal occupe la 66e place sur 180 (7e place en Afrique) dans le classement 2019 de Transparency International à propos de l'indice de perception de la corruption.

L'OFNAC (Office national de lutte contre la corruption) est l'organisme chargé d'enquêter sur les cas de corruption de fonctionnaires portés à son attention. Il dépose tous les

---

[109]-la Convention des Nations contre la corruption du 9 décembre 2003,
- la Convention africaine de lutte contre la corruption du 11 juillet 2003,
- le protocole de la CEDEAO portant sur la lutte contre la corruption du 21 décembre 2001,
- la directive n° 07/2002/CM/UEMOA relative à la « lutte contre le blanchiment de capitaux dans les États membres de l'Union Économique et Monétaire Ouest-Africaine (UEMOA),
- la directive n° 02/2000/CM/UEMOA du 29 juin 2000 portant adoption du Code de transparence dans la gestion des finances publiques au sein de l'UEMOA.

[110] Cette expression de « gouvernance sobre et vertueuse » a fait flores au Sénégal car étant au cœur des propositions du candidat opposant Macky Sall en 2012 de réformes politiques de la gestion publique décriée du Président Abdoulaye Wade par ses opposants.

ans un rapport au président de la République et le publie ensuite.

La Cour de l'enrichissement illicite est également un dispositif judiciaire d'exception, facilitant l'instruction judiciaire de répression d'instruction des cas de corruption d'agents publics en renversant la charge de la preuve, obligeant les personnes poursuivies à justifier l'origine licite de leur patrimoine. Ces procédures sont souvent décriées par les prévenus car elles ne permettent pas de faire appel des condamnations prononcées à leur encontre.[111]

Il faut néanmoins souligner la réforme de ce dispositif de la Cour de Répression de l'Enrichissement Illicite (CREI), supprimé et remplacé par le Pool Judiciaire Financier, créé par la loi n°11/2023 du juillet 2023 afin notamment de répondre aux standards judiciaires internationaux, notamment en matière de double degré de juridiction.

L'autorité de régulation s'attache, pour sa part, à contrôler le respect des règles et des processus régissant la commande publique, notamment le respect des règles en matière d'appel d'offres pour les marchés publics, sous

---

[111] Voir Affaire Karim Wade (fils du Président Abdoulaye Wade et *super ministre* très puissant du temps du régime Wade) contre l'État du Sénégal. Le groupe de travail des Nations unies sur la détention arbitraire et la Cour de justice de la CEDEAO avaient considéré la CREI comme une juridiction d'exception, incompétente pour juger K. Wade, et ont condamné le Sénégal en raison des restrictions apportées aux droits de la défense découlant des procédures judiciaires exceptionnelles (renversement de la charge de la preuve, absence du double degré de juridiction et du droit d'interjeter appel). Il est suggéré par le forum civil la réforme de la CREI afin de la rendre conforme aux standards internationaux. Les juridictions françaises n'ont également pas reconnu la condamnation rendue au Sénégal et se sont opposées à la saisie en France d'un immeuble et d'un compte bancaire lui appartenant.

réserve des exceptions légales concernant les dépenses de la Présidence de la République.

La Cour des comptes, l'Inspection générale des finances, rattachée au ministère des Finances, l'Inspection générale d'État, rattachée au président de la République, concourent à la bonne gouvernance par le contrôle de la sincérité des transactions financières. Elles ne visent pas spécialement la découverte de cas de corruption ou de fraude. Elles étudient la rationalité des dépenses publiques au regard de la mission des services publics et le respect des procédures de la comptabilité publique et vérifient en priorité s'il n'y a pas de cas de malversation et de détournements de fonds publics. Elles peuvent également avoir, au cours des missions de vérification des comptes publics, des soupçons sur la vraisemblance de cas de corruption et à ce moment-là, préconisent dans leurs recommandations la transmission des dossiers litigieux à la justice pour initier des instructions et enquêtes.

Signalons l'existence d'autres organes comme :

- la CENTIF : la Cellule nationale de traitement des informations financières,
- le GIABA : Groupe intergouvernemental d'action contre le blanchiment d'argent en Afrique de l'Ouest,
- la CNLCC ou la Commission nationale de lutte contre la non-transparence, la corruption et la concussion,

Parfois, l'appréciation du respect de ces règles par l'Administration est critiquée par l'opposition publique.

Section III. Les principes à l'épreuve de la pratique

La gestion des ressources naturelles est très souvent encadrée en Afrique par des dispositions légales assez strictes afin de prévenir les risques d'opacité des transactions, de captation des ressources publiques, de dérives financières, de gestion clientéliste de la rente pétrolière ou minière. Si ce dispositif contraignant est louable sur le plan des principes, il ne donne pas pour autant, dans un grand nombre de situations politiques, l'assurance d'une gestion publique conforme aux attentes des citoyens. Ce décalage entre la théorie et la pratique vient souvent confirmer la « prophétie autoréalisatrice » de la malédiction des ressources naturelles.

S'agissant du Sénégal, il est trop tôt pour donner une réponse catégorique sur cette perspective car les ressources minières ne constituent pas, en l'absence d'une entrée en service de l'exploitation des ressources gazières, une manne financière importante capable de déstabiliser une économie locale assez diversifiée ou des institutions politiques très stables. Les pouvoirs publics s'attèlent à mettre en place un cadre juridique contraignant pour encadrer les risques précités et organisent des séries de concertations avec l'ensemble des acteurs de la société civile et les opérateurs économiques pour définir une stratégie inclusive de gestion de la future rente gazière et pétrolière annoncée pour 2023.

Néanmoins, on peut observer la montée de mouvements de contestation sociale et politique emmenés par une opposition politique à propos de la gouvernance préparatoire. Ces opposants sont très suspicieux quant aux conditions d'accès de certains opérateurs pétroliers à des champs pétroliers notamment lorsque la procédure d'attribution initiée est celle du gré à gré.

I. Le gré à gré

Les découvertes pétrolières et gazières de 2014 ont été faites à partir de l'application du Code pétrolier de 1998 dont l'objectif était surtout de faire connaître le Sénégal comme une destination intéressante pour les opérations d'exploration offshore, des sociétés internationales ou multinationales. Ce Code ne prévoyait donc pas de procédure spécifique pour l'organisation d'appel d'offres à propos de blocs offshore et onshore, surtout qu'ils avaient quelques difficultés à susciter l'engouement des investisseurs. Les pouvoirs publics ont donc cherché à ne pas alourdir les processus administratifs d'accès à la prospection desdites zones de prospection. Le mode d'attribution a résidé dans la signature directe de contrats de partenariat avec les prospecteurs. Bien entendu, divers organismes publics étaient associés à ces négociations, notamment Petrosen ainsi que le ministère du Pétrole et de l'Énergie. Nous avons précédemment indiqué qu'en dépit de cette facilité accordée, les programmes d'exploration n'ont pas été toujours respectés, obligeant parfois l'État à annuler les conventions signées avec certains opérateurs.

Les découvertes de 2014 ont en outre donné une plus grande assurance aux autorités publiques ainsi qu'une plus grande confiance des opérateurs en le potentiel pétrolier du pays. Le Sénégal pouvait ainsi se permettre de réformer le Code pétrolier de 1998 et ainsi d'introduire dans le Code de 2029 la possibilité d'organiser des appels d'offres internationaux.

II. Les expériences antérieures de prospection et quelques controverses sur les attributions de blocs pétroliers

La grande controverse qui agita le Sénégal intervint en juin 2019 après qu'un reportage de la BBC anglaise fit des révélations sur de supposées malversations financières qui auraient entaché les procédures d'attribution d'un bloc pétrolier à Petro-Tim, une société de l'homme d'affaires roumain Frank Timis. Il était rapporté que les sociétés BP et Petro-Tim seraient au cœur d'un gigantesque scandale financier international à propos de la cession des parts de cet homme d'affaires à ce major pétrolier et au regard de la médiation influente de M. Aliou Sall, frère du président de la République, en son temps employé comme représentant pays de Petro-Tim avant la conquête du pouvoir par son frère et ayant pu obtenir un contrat de recherche pétrolière signé par le Président Abdoulaye Wade sans que ce dernier ait le temps de le faire homologuer par un décret officiel. Ce contrat fut néanmoins validé en 2012 par décret après la victoire du candidat opposant Macky Sall. C'est cette validation en septembre 2012 qui fut critiquée, d'autant que deux ans après l'obtention de titre de prospection, Frank Timis associé à la société américaine réalisa la fabuleuse découverte pétrolière et gazière de classe mondiale dans le champ pétrolier St-Louis Offshore Profond. Le scénario « complotiste » était prêt à être rendu public.

Cette politique du complot nous a paru bien étrange car d'une part, l'attribution remontait au temps où le régime précédent n'avait aucune raison de faire des faveurs à son futur tombeur, un de ses opposants irréductibles, et d'autre part, en raison du décalage de deux ans entre l'attribution du permis de recherches et la découverte faite en 2014. Qui peut un seul moment penser que les gisements étaient connus au moment de la confirmation du permis par les nouvelles autorités politiques du pays en 2012 ? La réalité objective est beaucoup plus simple. Nul n'en savait rien et l'opérateur Frank Timis avait tout simplement su s'entourer d'une bonne collaboration opérationnelle pour parvenir à prospecter et à découvrir des gisements pétroliers et gaziers alors que depuis plus de soixante ans, diverses prospections offshore n'avaient pu obtenir un résultat satisfaisant. Tel est le cas de Total Sénégal Exploration, n'ayant rien découvert en plus de deux ans de prospection malgré des milliards de francs CFA injectés, qui finit par jeter l'éponge.

En fait, ce qui est reproché à Frank Timis est d'avoir vendu ses parts au major pétrolier BP pour le financement des travaux de développement du gisement GTA. Ce qu'il faut savoir, c'est que les sociétés juniors prenant des risques à l'exploration ont tendance à céder leurs parts à de grandes multinationales en cas de succès de la prospection qui en général présente un pourcentage assez faible de réussite (entre 10 % à 15 % de probabilité de chances de découverte). À vrai dire, un concurrent malheureux (la société Tullow Oil) n'ayant pu obtenir l'accès à la prospection de cette zone de prospection qu'elle convoitait en 2012 laissa courir le bruit que l'attribution à Frank Timis était douteuse. En tout état de cause, le principe de la continuité de l'État ne pouvait pas permettre l'instabilité des conventions signées par le régime précédent, car cela eût terni l'image du Sénégal auprès des investisseurs internationaux en dehors des risques évidents de longs et lourds contentieux. Cette polémique finit par se dissiper mais le mal était déjà fait, car un bon nombre de citoyens, plutôt que de se réjouir des nouvelles perspectives pétrolières et gazières du Sénégal, ressassent et relaient à souhait cette rumeur infondée et restent convaincus qu'une irrégularité avait été commise au plus haut sommet de l'État. La BBC n'a jamais produit le moindre élément matériel d'une fraude orchestrée au détriment des intérêts de l'État et de la Nation sénégalaise.

Aujourd'hui, bien que le Code pétrolier de 2019 n'interdise point de négocier des contrats de gré à gré pour de nouvelles attributions et prospections, l'État du Sénégal, instruit par l'affaire Timis, a lancé en novembre 2019 un appel d'offres international que la pandémie du Covid-19 a impacté, ce qui a occasionné un report d'échéance de dépôt des offres à 2021.

III. Les appels d'offres : les mécanismes des appels d'offres internationaux dits *licensing round*[112]

Cet appel d'offres visait les entreprises multinationales ayant, d'une part, les capacités financières requises, présentant les états financiers des trois derniers exercices certifiés par un auditeur international, et d'autre part, une expertise technique et une expérience avérées dans les opérations d'exploration offshore.

Cet appel d'offres porte sur 10 blocs de prospection de la façade du nord au sud de blocs offshore profonds et ultraprofonds, délimitée par la Mauritanie, la Gambie et la Guinée-Bissau, comprise dans le bassin sédimentaire MSGBC. Les blocs sont identifiés comme suit :

Numéro	Nom des blocs	surface	Donnée sismique disponible sur surface explorée
1	*Offshore Ultra Profond Nord 1 (OUP Nord 1)*	2050 km^2	1859 km^2
2	*Offshore Ultra Profond Nord 2 (OUP Nord 2)*	3751 km^2	Données en 2 dimensions : sismique référence : NWAA 20017

[112] Série de négociations par soumissions internationales suite aux appels d'offres internationaux de Petrosen sur les permis offshore mis en concurrence.

3	*Offshore Ultra Profond Nord 3 (OUP Nord 3)*	6565 km²	Données en 2 dimensions sismique référencé : NWAAM 2017
4	*Offshore Ultra Profond Nord 4 (OUP Nord 4)*	7827 km²	1591 km²
5	*Offshore Ultra Profond Nord 5 (OUP Nord 5)*	7836 km²	1800 km²
6	*Offshore Ultra Profond Nord 6 (OUP Nord 6)*	7808 km²	1800 km²
7	*Sénégal offshore Sud (SOS)*	7921 km²	3500 km²
8	*Sénégal offshore Sud Profond (SOSP)*	7653 km²	3711 km² et 750 km²
9	*Offshore Ultra profond Sud - 1 (OUP Sud 1)*	7623 km²	1500 km²
10	*0ffshore Sud Profond Ultra Sud - 2 (OUP Sud 2)*	7647 km²	

Petrosen indique en outre être en partenariat avec certains organismes d'évaluation des données sismiques couvrant 14 000 km² de données sismiques en double dimension et 10 000 km^2 de données sismiques en trois dimensions.

Un comité marketing de promotion de cet appel d'offres est mis en place de même qu'un comité technique chargé d'évaluer les offres en fonction :

- des expertises techniques (expériences antérieures, programmes prévisionnels) ;
- de la capacité financière, du paiement des bonus à la signature du contrat et au démarrage de la production ;
- de la contribution au financement de l'expertise et du développement des compétences de Petrosen.

Petrosen fait aussi connaître dans les termes de référence diverses informations sur :

- la durée des licences d'exploration ;
- les modalités de récupération des coûts opératoires en fonction de la zone d'exploration ;
- les taux de royalties suivant lesdites zones d'exploration ;
- la méthode de calcul du partage des profits (« R Factor » : ratio entre les revenus cumulatifs et les investissements cumulatifs) ;
- le taux de taxe de 30 % sur les profits et de 1 % sur les productions exportées ;
- la participation gratuite de l'État à hauteur de 10 % du capital ;
- le soutien de l'opérateur à Petrosen en équipement informatique ;

- la mise en œuvre d'un programme de RSE (responsabilité sociale d'entreprises) aux populations riveraines.

Notons pour conclure que Petrosen continue toujours en 2023 à offrir aux investisseurs pétroliers régionaux et mondiaux ces 16 blocs offshore en tant qu'opportunités d'investissement.

Nous reviendrons sur certains des aspects des contrats de partage de production (CRPP) dans la troisième partie que nous étudions à présent.

TROISIÈME PARTIE

LES ENJEUX ET PERSPECTIVES DE L'ACTIVITÉ D'EXPLORATION ET D'EXPLOITATION PÉTROLIÈRES ET GAZIÈRES AU SÉNÉGAL

Nous venons d'analyser la complexité de l'environnement offshore, son articulation avec le pilotage stratégique de l'économie du Sénégal, son intégration au secteur de l'aval pétrolier qui influencent fortement le *design* des contrats afin d'éviter le syndrome du « mal hollandais » et de permettre une accélération des programmes du PSE. C'est ce qui explique l'option stratégique de l'État de ne pas se contenter d'un rôle passif de *sleeping partner* mais au contraire d'être un partenaire proactif pour la réalisation des objectifs conjoints des contrats de recherche et de partage de production (CRPP). Il s'agit d'une solidarité active dans l'exécution d'un contrat d'intérêt commun. L'État anticipe ainsi la mise en application de ces activités en mettant en œuvre des réformes stratégiques de sa législation. Il entreprend de susciter un consensus national fort et met en place une administration centrale pétrolière compétente. Il lance de vastes projets structurants à l'échelle :

- du secteur du raffinage pétrolier ;
- de la formation de cadres pétroliers de haut niveau formés à l'Institut national du pétrole et du gaz (INPG) ;
- du secteur énergétique ;

- des infrastructures pétrolières et portuaires.

Tous ces éléments s'emboitent les uns avec les autres comme dans un puzzle pour aboutir à une stratégie globale et cohérente de mise en valeur des ressources pétrolières et gazières. L'État garde néanmoins un œil vigilant sur le tableau de bord prospectif des opérations pétrolières futures.

Cette troisième partie aura ainsi pour objet de mieux explorer les enjeux, c'est-à-dire les opportunités que créent les CRPP à travers une meilleure attractivité, une possibilité de mieux découvrir le potentiel offshore du bassin MSGBC.

Elle s'attache également à anticiper les risques de défaillance, les erreurs commises ailleurs en Afrique et capitalise les leçons tirées de l'application des bonnes pratiques reconnues par l'industrie pétrolière, les grandes ONG, voire les institutions internationales. Les chapitres suivants constitueront ainsi le contenu de cette troisième partie qui, étant plus opérationnelle que les deux premières, ne nécessitera pas de longs développements :

- *Chapitre I : Les enjeux de l'attractivité des IDE, du transfert technologique, du développement local et de la stabilité des investissements*
- *Chapitre II : Le renforcement de la coopération interétatique et du partenariat public-privé à travers le développement de l'offshore*
- *Chapitre III : L'exigence d'équité à travers le partage équilibré des revenus pétroliers entre les opérateurs pétroliers et l'État*
- *Chapitre IV : Les retours d'expériences profitables au Sénégal*

Passons à présent à l'étude du premier chapitre.

Chapitre I

Les enjeux de l'attractivité des IDE, du transfert technologique, du développement local et de la stabilité des investissements

Au-delà des estimations techniques du potentiel de découvertes pétrolières et de l'évaluation des réserves, l'attractivité d'un projet pétrolier est également lié au cadre règlementaire régissant les opérations au vu des risques financiers et opérationnels de l'exploitation offshore. Il faut que toutes les parties y trouvent leur compte. Les opérateurs veulent avoir la certitude de récupérer leurs mises financières initiales ainsi que les importants bénéfices additionnels projetés. Du côté de l'État, l'objectif est d'avoir des rentes financières importantes mais également de transformer la structure de l'économie locale à travers un nouveau moteur de croissance qui va créer un effet d'entrainement grâce à une politique de contenu local et un transfert technologique. C'est pourquoi l'État est très soucieux de la stabilité des partenariats, qui est d'autant plus importante que l'environnement international n'est pas très prévisible. La crise sanitaire de 2020 du Covid-19 amplifie cette incertitude.

Ainsi, l'État, dans le Code pétrolier de 2019, réaffirme le principe des clauses de stabilité fiscale en faveur des opérateurs pétroliers offshore tout en indiquant que ces clauses ne concernent pas « les dépenses liées à la protection de l'environnement ou des personnes, au droit du travail et au contrôle des opérations pétrolières »[113].

Nos trois sections étudieront ces différentes perspectives.

Section I. Attractivité des IDE et aménagement équilibré du cadre règlementaire

Paragraphe I. Les codes pétroliers successifs

Le Code pétrolier de 1998 a rempli les objectifs qu'il s'était fixé s'agissant de la promotion du bassin sédimentaire sénégalais dans un contexte de vive concurrence entre pays africains pour attirer les investisseurs. Il a su susciter l'attention des opérateurs internationaux sur un petit pays qui n'était pas pressenti comme étant suffisamment nanti en ressources pétrolières et gazières, pour donner lieu à des investissements à haut risque dans son bassin sédimentaire.

A. Le Code pétrolier de 1998

Ayant conscience de la raréfaction des ressources financières liées à la baisse des budgets d'exploration offshore, les autorités sénégalaises faisaient ce constat lucide de la place marginale du Sénégal sur le marché des projets offshore en indiquant sans ambages, dès l'entame du préambule de la loi 98-05 du 8 janvier 1998, que « pour être compétitif, le Sénégal doit non seulement tenir compte de l'évolution des données énergétiques mondiales, mais aussi offrir aux acteurs potentiels de l'industrie pétrolière, des conditions attrayantes et susceptibles de favoriser le développement des investissements pétroliers

[113] Article 72 du Code pétrolier de 2020.

d'exploration ou de production sur le territoire national »[114].

Ainsi, le Code de 1998 qui lui-même était le legs de législations plus anciennes[115], proposait les principaux avantages suivants aux opérateurs pétroliers internationaux :

- possibilité de geler pendant 8 ou 3 ans, sans en perdre le bénéfice, des gisements respectifs de pétrole et de gaz, non rentables commercialement en raison des cours mondiaux (le Code de 1986 prévoyait une renonciation pure et simple) ;
- possibilité de prorogation de 10 ans, une fois renouvelable, de la concession offshore de 25 ans, soit un droit théorique d'exploitation de 50 ans (le Code de 1986 ne prévoyait pas de renouvellement de la prorogation décennale) ;
- institution de certains avantages fiscaux tels que :
    - l'exonération pendant les phases de recherche et de développement des impôts, taxes et droit au profit de l'État ;
    - l'exonération à la redevance sur la production du titulaire d'un CRPP ;
    - la réduction du taux de la redevance sur les productions de pétrole brut ;
    - la réforme de l'impôt supplémentaire de prélèvement pétrolier additionnel (PPA)

[114] Loi n° 98-05 du 8 janvier 1998 portant Code pétrolier du Sénégal, in http://www.jo.gouv.sn/spip.php?rubrique3

[115] Loi n° 86-13 du 14 avril 1986, portant Code pétrolier, in https://www.ofnac.sn/resources/pdf/Lois/Loi%2098%2005%20portant%20code%20petrolier.pdf

- Ordonnance n° 60-24 du 10 octobre 1960, décret n° 64-261portant décret d'application, décret n° 63-363 du 20 mai 1963 portant convention d'établissement.

désormais calculé sur la base de la rentabilité globale du projet (facteur R).

Les réformes apportées par le Code pétrolier de 2019

La loi n° 2019-03 du 1er février 2019[116] portant Code pétrolier a introduit un certain nombre de réformes aux dispositions légales antérieures. Il en est de même pour la Loi de finances rectificative de 2019 visant *expressis verbis* : « L'adaptation des dispositions fiscales régissant l'amont pétrolier à la suite de l'entrée en vigueur de la loi n° 2019-03 du 1er février 2019 portant Code pétrolier. » Rappelons cependant que les anciens contrats offshore à l'origine des découvertes pétrolières et gazières faites au Sénégal depuis 2014 conservent les divers privilèges précédemment négociés au titre surtout des clauses de stabilité fiscale (article 72 du Code 2020). Toutefois, il est possible, sous l'empire de ce nouveau Code, à l'issue d'une renégociation d'un contrat, que les parties, dans les 24 mois suivant l'entrée en vigueur d'une nouvelle législation, acceptent de s'y soumettre (article 73, Code 2020). S'agira-t-il vraiment d'une renégociation librement acceptée par les opérateurs pétroliers ? Espérons que cette disposition n'introduise pas le ver dans le fruit en faisant le lit de tous les prochains contentieux. On appréciera l'effet de ces réformes à l'issue de la procédure internationale d'appel d'offres de Petrosen en 2021 sur de nouveaux blocs offshore, pour voir si elles sont ou non dissuasives pour les investisseurs internationaux. Certains experts s'inquiètent cependant que les pressions exercées par la société civile puissent être contreproductives pour l'économie sénégalaise offshore. Ces changements, tout en laissant aux opérateurs les avantages accordés par le Code de 1998,

[116] Loi n° 2019-03 du 1er février 2019 portant Code pétrolier, in http://www.droit-afrique.com/uploads/Senegal-Code-2019-petrolier.pdf

ayant permis les avancées de l'offshore sénégalais, portent sur les aspects suivants :

- l'affirmation d'une souveraineté nationale sur les ressources pétrolières et gazières : c'est une traduction, dans le Code, du principe constitutionnel de « la propriété du peuple sur les ressources naturelles » adopté lors de la révision constitutionnelle de 2016[117] ;
- la prévision d'une option pour les pouvoirs publics entre la manifestation d'intérêt conduisant à des attributions de gré à gré et le système d'appel d'offres international peut également décourager certains petits prospecteurs, exerçant un effet d'aiguillon positif sur la concurrence internationale[118] ;
- la réduction de 5 ans de la durée des concessions initiales des ressources offshore, ramenée de 25 ans à 20 ans ;
- les mécanismes de transparence de la norme ITIE applicables dans le domaine minier qui constituent la nouvelle référence de bonne gouvernance, très

[117] L'article 5 de la loi précitée dispose ainsi : « Tous les gisements ou accumulations naturelles d'hydrocarbures sur le territoire de la République du Sénégal sont la propriété du peuple sénégalais. L'État en assure la gestion et la valorisation dans les conditions prévues par le présent Code.
La gestion des revenus pétroliers garantit notamment une épargne intergénérationnelle et répond aux besoins de développement par la promotion des investissements publics dans les secteurs susceptibles d'augmenter le potentiel de croissance économique du pays.
Les modalités de gestion et de répartition des recettes issues de l'exploitation des hydrocarbures sont déterminées par une loi. »

[118] On voit bien que les petits prospecteurs n'ont pas toutes les lourdeurs d'analyse stratégique de gestion de portefeuille offshore à long terme des grandes multinationales. Nous pensons que Frank Timis a permis, par sa prise de risque, de faire avancer l'exploration pétrolière au Sénégal même s'il bouscule l'establishment pétrolier.

importante pour la bonne image des pays (africains surtout) et des multinationales ;

- l'institution de la règle du paiement à l'État d'un bonus d'entrée à la charge des opérateurs pétroliers à leur entrée contractuelle : elle officialise en réalité une pratique contractuelle antérieure qui selon les cas, était payée ou non ;
- les nouveaux dispositifs encadrant les opérations pétrolières, notamment les transports d'hydrocarbures, entre les zones de production et les unités terrestres de stockage de produits pétroliers et gaziers prétraités ou liquéfiés (GPL) ;
- la référence à une future loi sur le partage des revenus pétroliers, actant la résolution étatique à un partage inclusif des ressources[119] ;
- une prise en compte des exigences environnementales conformes aux standards internationaux, le texte renvoyant aux bonnes pratiques de l'industrie pétrolière internationale ;
- la limitation des déductions des investissements offshore opératoires dans le cadre de la règle du *Cost stop*, précédemment négociés au cas par cas et qui dorénavant ont une programmation de déductibilité beaucoup plus claire en période de prospection, de développement ou pendant l'exploitation ;

---

[119] La Banque mondiale avait élaboré un dispositif légal très élaboré, devant servir de référence à la nouvelle gouvernance concertée, légitime et efficace de la manne pétrolière en Afrique. Il est regrettable que ces bonnes intentions aient échoué au point que le Tchad a préféré rembourser par anticipation ses emprunts auprès de la Banque mondiale. Voir à ce sujet l'étude de Loïc Simonet (2007) : « Retour sur la rupture entre le Tchad et la Banque mondiale. Ne nous trompons pas de responsable », in https://www.erudit.org/fr/revues/ei/2006-v37-n4-ei1621/014631ar/

- o une amélioration du dispositif fiscal pour les recettes fiscales portant sur les points ci-après[120] :
- o assimilées à des immeubles, les titres miniers exploités au Sénégal voient leur cession à l'étranger donner lieu à l'imposition de plus-value immobilière. Précédemment passées sous silence, elles sont dorénavant traitées fiscalement. Il s'agit d'une des conséquences de l'expérience locale des controverses politiques sur la transaction au major BP non imposée des actifs de Frank Timis dans l'offshore sénégalais. Cette taxation de plus-value découle de la loi de finance rectificative 2019[121] ;
- o la création de nouveaux mécanismes de recouvrement des redevances « superficiaires »[122] et sur la production offshore.

Notons cependant les exonérations des opérateurs pétroliers pour :

- o les impôts périphériques de droit commun (à l'impôt sur les revenus) supportés par les employeurs : la contribution forfaitaire, taxe représentative du minimum fiscal (TRIMF) ;

[120] Note politique, Awa Diouf (2020) : « La fiscalité sur l'or noir au Sénégal », in https://media.africaportal.org/documents/la_fiscalite_sur_l_or_noir_au_senegal.pdf
Mouhamadou Bassirou Baldé (2019), « Sénégal : «La réorganisation fiscale de l'amont pétrolier », in https://editions-alexandrie.com/subscription/texte/47010-senegal---la-reorganisation-fiscale-de-l---amont-petrolier

[121] Article 31 de la loi de finances rectificative, page 43, in http://www.finances.gouv.sn/wp-content/uploads/2019/07/Projet-LFR-2019-VF.pdf

[122] Il s'agit de taxes déterminées par la superficie offshore exploitée ou en prospection.

- la TVA, à propos des importations faites par les opérateurs pétroliers pendant les phases de recherche et de développement des gisements offshore ;
- la contribution économique locale (CEL).

Notons également la suppression, dans le Code 2019, du prélèvement pétrolier additionnel (PPA).

Pour conclure, signalons la référence du souci, par le Code 2019, de favoriser un impact positif des activités pétrolières sur l'industrie locale dans le cadre du dispositif sur le contenu que nous étudions ci-après.

Nous pouvons également signaler les bons retours des investisseurs de la communauté pétrolière à l'égard du Sénégal qui naturellement jouit d'un important capital de sympathie dans le monde pour la qualité de sa stabilité politique, sa gouvernance et sa démocratie, ce qui se remarque à l'importante affluence des opérateurs pétroliers internationaux au dernier forum « Oil & Gaz » de Dakar de janvier 2020. Pour l'instant, ils veulent bien avoir un préjugé favorable à l'expérience nouvelle sénégalaise.

Paragraphe II : Loi sur le contenu local, une contrainte juridique au service d'une exploitation pétrolière inclusive

Le consensus national semble être établi au Sénégal sur l'objectif d'une croissance économique tirée par un nouveau moteur de croissance inclusif qui ne soit pas un facteur d'accroissement des inégalités sociales entre une élite occidentalisée et urbanisée, côtoyant les exclus de la « croissance exogène » découlant du nouveau dynamisme économique des activités offshore. On en reviendrait, dans cette situation, au « *booming effect* » et à de nouvelles inégalités entre les secteurs traditionnels et le nouveau secteur rentier. Le premier consensus à établir dans la bonne conception directe d'un secteur d'entrainement est celui de la promotion d'un *local content effect*, signifiant un effet bénéfique d'un partenariat gagnant-gagnant entre le « grand capital international » et le « petit capital local ». Il s'agit également d'éviter que les activités pétrolières offshore ne deviennent un « centre financier offshore d'évasion fiscale ».

La loi n° 2019-04 du 24 janvier 2019 relative au contenu local dans le secteur des hydrocarbures du Sénégal a un domaine de compétence assez large, concernant toutes les activités se déroulant sur le territoire sénégalais se rapportant, d'après son article 2, directement ou indirectement :

« - à la prospection, l'exploration, le développement et l'exploitation des hydrocarbures ;

- au transport et au stockage des hydrocarbures ;

- à la transformation et à la valorisation des hydrocarbures ainsi qu'à la distribution des produits pétroliers et gaziers.

Tout contractant, sous-traitant, prestataire de services et fournisseur, participant aux activités pétrolières et gazières, est soumis aux dispositions de la présente loi. »

La loi prévoit deux régimes préférentiels et collaboratifs pour le recours à l'expertise locale, le troisième étant un régime dit « non exclusif », un régime libre qui en réalité est en dehors du champ de l'expertise locale. L'article 8.4 de ladite loi dispose ainsi :

« Les activités pétrolières et gazières sont classées en trois régimes : exclusif, mixte et non exclusif.

Le régime exclusif concerne les activités pour lesquelles l'État du Sénégal, dans le but de réduire la quantité des biens et services importés, se réserve le droit d'octroyer des autorisations de services exclusifs, sous réserve d'une garantie de qualité du service et d'un encadrement des prix.

Le régime mixte renvoie aux activités nécessitant une association d'une société étrangère avec une entreprise locale.

Le régime non exclusif regroupe les activités à faible potentiel de contenu local.

Le classement des activités pétrolières et gazières dans ces régimes est établi par décret. »

Les travaux préparatoires du décret qui se sont déroulés durant le premier semestre 2020 sur le contenu local ont donné lieu à des contributions intersectorielles dont nous retenons quelques grandes propositions.

A. Les régimes exclusifs

Il s'agit de l'ensemble des activités de production et de services pour lesquelles la loi réserve un monopole s'agissant des besoins exprimés par les sociétés pétrolières offshore. Les activités suivantes avaient été visées durant le round des concertations professionnelles ayant également impliqué la société civile.

Les activités susceptibles d'entrer dans le régime mixte pourraient donc concerner les expertises locales dans les domaines ci-après[123] :

- *Activités transverses :*

Location de bureaux, entretien, restauration collective, logement (déménagement, gardiennage, domesticité), personnel et services généraux (encadrement,

[123] Présentation des propositions faites durant les concertations intersectorielles sur le contenu local de décembre 2019 aux participants par l'ingénieur Abdou Aziz Mbaye du Cos-Petrogaz à partir d'un benchmark de certains pays entretenant une activité offshore, durant les concertations intersectorielles sur le contenu local de décembre 2019.

avocats, traducteur), services HSE, informatique, transport du personnel, formation du personnel, services de conseil, financement de projets, commission au transport, transit, importations, services achats, services santé, autres...

- *Activités logistiques de forage : soutien à la base logistique (valorisation des espaces de stockage), soutien à service hélicoptère (fourniture de jet A1, pilotes et staff.*
- *Navire ravitailleurs : navires FSIV surfer, financement et assurances, affrètement, combustibles, équipage, nourriture et consommables, clearance, inspection.*
- *Activités de cuvelage, tubage et tête de puits : fabrication « Mundmas », station de filetage, inspection, gestion parc à tubes, station de lavage.*
- *Forage : gestion des installations, personnel.*
- *Soutien au FPSO : service d'enlèvement, équipage, pilote et lamaneurs, combustibles.*
- *Christmas tree : assemblage des christmas trees.*
- *Construction FPSO : ingénierie, construction des piles d'ancrage (caisson de béton).*

B. . Les régimes mixtes

Les activités du régime mixte sont celles qui impliquent un partenariat entre entreprises locales sénégalaises et des entreprises étrangères en raison de l'insuffisante technicité de ressources locales. Il s'agit de projections technologiques qui pour la plupart n'ont pas de perspectives immédiates. Ce régime permet un transfert progressif de technologies. Les activités pouvant être concernées sont celles-ci :

- *Activités logistique de forage : service de stockage, transport, levage*
- *Navire subsea : gestion et coordination des navires*

- *Navire de pose des christmast trees : personnel, plongée*
- *Rig (ensemble des installations et des équipements servant à creuser des puits de pétrole et de gaz) de forage : conduite et maintenance, transport et traitement des résidus de forage*
- *Soutien au FPSO : personnel de construction, personnel d'exploitation, performance de puits et comptage de production, inspection, maintenance, intégrité*

C. Les régimes non exclusifs (sans contrainte de préférence nationale ou partenariat avec des entreprises étrangères)

Ce troisième régime non exclusif est un régime libre de très haute technologie à laquelle les entreprises locales n'ont pas accès. C'est le cœur de métier, celui du forage en eau profonde pour lequel il n'existe pas de spécialistes confirmés. Ce domaine reste réservé aux grandes firmes spécialisées. Il peut concerner les activités stratégiques suivantes :

- la construction du FPSO ;
- la construction du rig (ensemble des installations et des équipements servant à creuser des puits de pétrole et de gaz) ;
- la fabrication des cuvelages, tubage et tête de puits,
- forage : boue et ciment : fabrication des composants.[124]

Bref, le réalisme et la sagesse des autorités publiques permettent de structurer une matrice opérationnelle que le prochain décret sur la structuration des activités induites par

[124] Affaire sinistre de la plateforme DeepWater Horizon de 2010. L'éruption en 2010 d'un puits de l'opérateur BP dans le golfe du Mexique est liée à la qualité du ciment fourni dont la nature n'était pas suffisamment adaptée pour contenir une pression sous-marine extrême.

le contenu local prendra probablement en compte. Cette option encourage les investisseurs à un transfert graduel de technologie. Ayant la responsabilité directe de la sécurité des installations offshore, d'un coût de près d'une dizaine de milliards de dollars, ces opérateurs de plateforme offshore ou de FPSO sont absolument intransigeants sur les standards opérationnels des intervenants[125] dans le cœur des métiers offshore et ne s'aventurent jamais à confier à des entreprises locales juniors des aspects majeurs et stratégiques des forages de mer, en ultraprofond. Nul ne peut donc porter grief à l'Administration sénégalaise de comprendre cette réalité et d'encourager un partenariat opérationnel sur des aspects secondaires de l'exploitation offshore. En revanche, les autorités publiques ont préparé le cadre logistique global, l'écosystème et le management stratégique qui vont structurer et accompagner la mise en œuvre du contenu local.

Paragraphe III : Les dispositifs opérationnels de la stratégie du contenu local

Le dispositif du management stratégique se fonde sur une « stratégie globale de création de valeur » fondée sur la surveillance administrative générale des processus transactionnels, le système local de formation professionnelle, le partenariat des opérateurs pétroliers, le réseau financier du financement spécialisé de l'activité des opérateurs économiques sénégalais. Cette stratégie de montée en puissance du contenu local affiche un ambitieux objectif de partage d'activités de l'offshore exécutées à

[125] On note la présence au Sénégal des grandes entreprises internationales opérant dans la sous-traitance des activités de l'offshore tels que Technip FMC Sénégal, Schlumberger Sénégal, One Subsea, Subsea 7, Halliburton, Baker Hughes, a GE company, Eiffage, Saipem.

50 % par le contenu local.[126] Elle s'articule autour de divers processus opérationnels et intervenants :

- le plan stratégique de développement des compétences des opérateurs pétroliers : c'est une obligation imposée par l'article 8 de la loi sur le contenu local[127] qui requiert la présentation à chaque opérateur offshore d'un plan annuel dressant le bilan et les perspectives à propos de l'activité des opérateurs et de leurs métiers, des compétences locales disponibles, des recours aux services financiers et d'assurance. Le plan de développement des compétences est un des éléments du plan de contenu local ;
- le plan de contenu local des opérateurs pétroliers : l'article 6 de la loi indique que « les contractants, sous-traitants, prestataires de services et fournisseurs, impliqués directement ou indirectement dans les activités pétrolières et gazières, établissent un plan de contenu local qu'ils soumettent au CNSCL. Ce plan décrit les activités de l'entreprise ainsi que les biens,

---

[126] Dossier du journal *Le Quotidien*, « Retombées des hydrocarbures : Macky veut 50 % de contenu local », in https://www.lequotidien.sn/retombees-des-hydrocarbures-macky-veut-50-de-contenu-local/
Article de Boubacar Mbodj : « Loi sur le contenu local : une belle opportunité de relance de l'industrie nationale et sous-régionale », in https://www.dakaractu.com/Loi-sur-le-contenu-local-une-belle-opportunite-de-relance-de-l-industrie-nationale-et-sous-regionale_a173026.html

[127] Article 8 alinéa 3 sur le plan de développement de compétences : « Chaque contractant, sous-traitant, prestataire de service et fournisseur, précise dans son plan de contenu local, les mesures prises pour permettre à des ressortissants sénégalais d'acquérir les qualifications et l'expertise nécessaires pour remplacer graduellement les employés non nationaux. Le plan décrit les progrès en matière de recours à l'emploi local ainsi que les activités en matière de création d'emplois et de renforcement des capacités. »

services et compétences nécessaires à leur réalisation » ;

- le plan stratégique de l'INPG (l'Institut national du pétrole et du gaz) : c'est un partenaire clef de la mise sur le marché offshore des compétences locales avec un profil spécialisé et adapté à l'économie pétrolière. Son objectif est à la fois de former des ingénieurs experts sur toutes les problématiques opérationnelles et managériales des hydrocarbures, mais aussi d'avoir de bons techniciens moyens, intervenant dans les aspects opérationnels de maintenance et de production offshore. Ce centre est en partenariat avec l'Institut français du pétrole (IFP) ;
- le schéma directeur du Comité national de suivi du contenu local (CNSCL) : cet organisme institué est le régulateur de la gestion du contenu local en veillant à la régularité des processus transactionnels et il dispose d'un pouvoir contraignant sur les opérateurs pétroliers qui violeraient le dispositif légal du contenu local. Sa mission est de coordonner l'élaboration du document de stratégie du contenu local, superviser et veiller à la mise en œuvre de la stratégie, évaluer et approuver les plans de contenu local ;
- les services d'intermédiation d'une plateforme publique électronique centralisant les offres de services de l'activité offshore ;
- les fonds publics existants pour le soutien aux initiatives d'investissement stratégiques tels que le FONSIS (Fonds souverain d'investissements stratégiques), le FONGIP (Fonds de garantie des investissements prioritaires), la CDC (Caisse des dépôts et des consignations), la BNDE (Banque nationale pour le développement économique) ;
- le programme d'assistance de l'ADPME (Agence de développement et d'encadrement des petites et

moyennes entreprises) et du Bureau de mise à niveau des entreprises ;

- o les fonds futurs, notamment le Fonds d'appui au développement du contenu local.

On peut donc raisonnablement penser que les préalables sont réunis à la mise en œuvre d'un ambitieux programme de 50 % *local content* qui vise une valeur ajoutée pour l'économie sénégalaise de l'ordre de 500 millions d'USD par an en 2030 si l'hypothèse prévisionnelle d'un flux de revenus de 1 milliard d'USD[128] par an sur 30 ans est maintenue pour les deux gisements, SNE et Grand Tortue Ahmeyim. Ce sont des hypothèses d'estimations minimales des réserves pétrolières compte tenu du potentiel du bassin sédimentaire, objet d'une importante prospection au cours des cinq dernières années.

À côté de cet impact structurant de l'économie local des activités, notons également le saut d'expertise technique et le transfert de technologies avancées que ce secteur peut apporter au Sénégal. Étudions brièvement cette question.

Section II : L'accès à la logistique offshore et la mise en œuvre d'un transfert de technologies

Le but de ces quelques grandes lignes est de présenter les principales technologies qui seront mises en œuvre dans l'offshore sénégalais. Ces techniques vont de l'utilisation des navires sismiques pour les campagnes d'exploration aux ouvrages d'architecture marine comme les plateformes pétrolières en passant par les navires de production

---

[128] Prévisions du DG de Petrosen lors des journées de concertations nationales de juin 2020. Voir document Petrosen 2018 : « Concertation nationale sur la répartition des revenus pétroliers et gaziers et sur le contenu local – perspective de production pétrolière et gazière ».

spécialisés comme les FPSO et FLNG pour aboutir aux terminaux gaziers terrestres reliés à l'exploitation offshore par des *pipelines*. Tout ceci relève de l'ingénierie industrielle pétrolière de haute précision, car « l'offshorisme » n'est pas une affaire d'amateurisme mais de professionnalisme éprouvé où l'approximation des procédés opérationnels n'a pas cours.

Paragraphe I : Les navires sismiques, plateformes et tankers FPSO

A. Le navire sismique

Les campagnes d'exploration sont assez classiques et mettent en œuvre l'utilisation de navires sismiques qui bombardent la surface de l'eau avec des canons à air comprimé à haute pression afin de créer un système de propagation d'ondes jusque dans le sous-sol marin que ce dernier réfléchit plus ou moins vite, en fonction des roches mères rencontrées, pour les faire remonter à la surface. Les navires sismiques tractant des micros ultrasensibles permettent un traitement informatique de ces ondes qui à l'image d'un scanner, vont faire apparaître dans le cadre d'image de synthèse en trois dimensions les reliefs des formations géologiques sous-marines. Cela va donner des renseignements sur la nature des roches, leur porosité, et le cas échéant, sur leurs fluides internes, et ainsi permettre d'avoir une certaine idée de la cartographie sous-marine à l'origine des forages sous-marins pour confirmer ou non l'existence de poches, voire de puits d'hydrocarbures.

B. Les plateformes pétrolières

Les plateformes pétrolières sont à l'offshore ce que sont les derrick aux champs pétroliers terrestres, à savoir, les unités d'extraction du pétrole et du gaz. Il existe plusieurs types de plateformes pétrolières en fonction des profondeurs océaniques des opérations offshore.[129]

On a des plateformes à lignes tendues (TLP : *tension-leg plateform*) ou plateformes à ligne tendue étendue (ETLP). Les TLP sont supportées par des pieds reliés par des câbles fixés dans des caissons en béton d'immobilisation (ancres de fonds marins) posés sur le plancher sous-marin. Les autres types de plateformes sont les plateformes autoélévatrices (*jack-up*), les plateformes SPAR sur bouée flottante, énorme flotteur cylindrique, les unités semi-submersibles de production (FPU : *Floating Production Unit*) utilisées en mer profonde, ainsi que le FPSO, qui sera notamment utilisé au Sénégal pour l'exploitation du projet Sangomar.

---

[129] Dossier de J.-L. Colliat : « Caissons à succion pour l'ancrage de structures pétrolières en mer profonde », in http://www.geotech-fr.org/sites/default/files/rfg/article/88-2.pdf
Dossier Plateformes pétrolières du site Connaissances des énergies, in https://www.connaissancedesenergies.org/fiche-pedagogique/plateformes-petrolieres

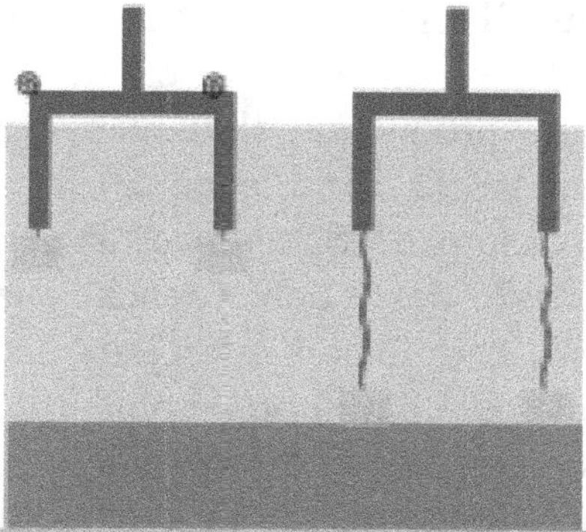

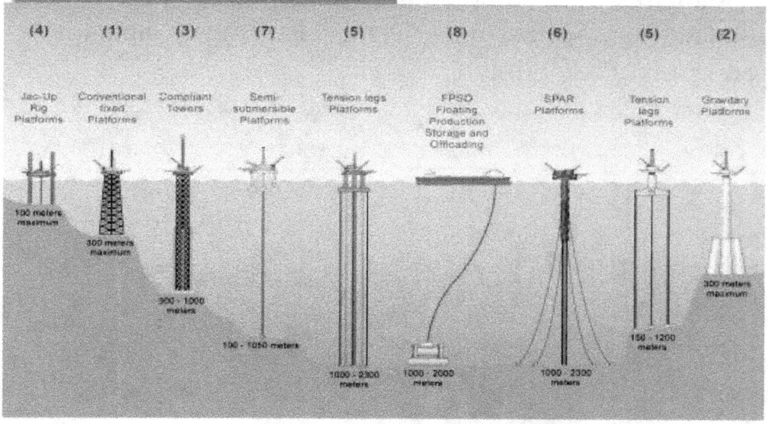

C. Le FPSO

Le dispositif d'exploitation *Floating Production, Storage and Offloading* est un navire citerne utilisé dans des profondeurs de l'ordre de 2000 mètres, permettant d'extraire, traiter, stocker et transférer les bruts offshore. C'est un navire dont le dispositif de pompage à bord est articulé à une tuyauterie flexible, s'emboitant sur la tête du puits, et qui est amarré aux fonds sous-marins par des piles d'ancrage. Son avantage est sa mobilité d'exploitation.

La société Woodside, opérateur chef de file de la joint-venture RSSD[130], a passé commande en janvier 2020, pour

[130] La joint-venture RSSD signifie : Rufisque Offshore, Sangomar Offshore et Sangomar Offshore Profond. Elle a été créée en vue de

un montant de 1,1 milliard d'USD, au chantier naval japonais Modec, spécialiste de l'ingénierie et de la construction d'installations de production flottantes[131] à l'effet de la construction du FPSO livrable en 2023, à affecter à l'exploitation du champ de Sangomar (ancien SNE). Cette unité est conçue pour une capacité de production de 100 000 barils de pétrole brut[132] par jour, une capacité de stockage minimale de 1,3 million de bbls. Elle sera dans un premier temps amarrée à une profondeur de 800 mètres mais pourra ultérieurement être utilisée pour tout développement dans le bloc Rufisque, Sangomar et Sangomar Profond.

l'exploitation de ce bloc pétrolier. Elle regroupe les sociétés Cairn, Woodside, FAR Ltd et Petrosen.

131 Fiche d'identité de Modec, in https://www.euro-petrole.com/modec-ep-3276-sc-65

132 Seneweb, janvier 2020, « Champ pétrolier SNE : Modec décroche le contrat de conception de l'unité flottante de production », in https://www.seneweb.com/news/Politique/champ-petrolier-sne-modec-decroche-le-co_n_275914.html

Paragraphe II : Les tankers FLNG (*Floating Liquified Natural Gaz*)

Traditionnellement, l'offshore gazier consistait en l'extraction des gisements sous-marins depuis une plateforme pétrolière fixe combinée à quelques premiers traitements partiels et qui était couplée à un déploiement logistique dans le cadre d'un transfert de cargaisons semi-œuvrée vers des méthaniers ou des réseaux de gazoducs, en vue de leur traitement plus approfondi dans des usines à terre, souvent à proximité des gisements.

La technologie a évolué à la faveur des FPSO mis en œuvre pour le pétrole brut et a donné lieu à la création des unités flottantes gazières (FLNG) pour la production, la liquéfaction et le stockage de gaz naturel en eau profonde.

C'est cette technologie de pointe, le FPSO du gaz, qui est utilisée pour le gisement frontalier sénégalo-mauritanien Grand Tortue Ahmeyim. Ce FLNG a été conçu de sorte à pouvoir traiter dans la phase 1 du développement de ce gisement une capacité annuelle moyenne de 2,5 millions de tonnes de gaz naturel liquéfié (GNL) sur un potentiel estimé à environ 15 TCF (424,75 milliards de m^3) de gaz.[133]

Le FLNG est un complexe pétrochimique gazier flottant, d'une grande complexité sur le plan de son ingénierie. Il combine divers processus : les aspects offshore classiques d'extraction de brut, une technologie de procédés chimiques, une technologie maritime, une maîtrise des

[133] Dossier 2019 de Mapathé Sow sur *Or Noir Africa* : « Sénégal-Mauritanie : le début des travaux de la phase 1 du projet gazier Grand Tortue Ahmeyim prévu au premier trimestre 2019 », in https://ornoirafrica.com/senegal-mauritanie-le-debut-des-travaux-de-la-phase-1-du-projet-gazier-grand-tortue-ahmeyim-prevu-au-premier-trimestre-2019/

risques que résume le schéma de Ravinder Manoharan dont nous citons ci-dessous l'étude.

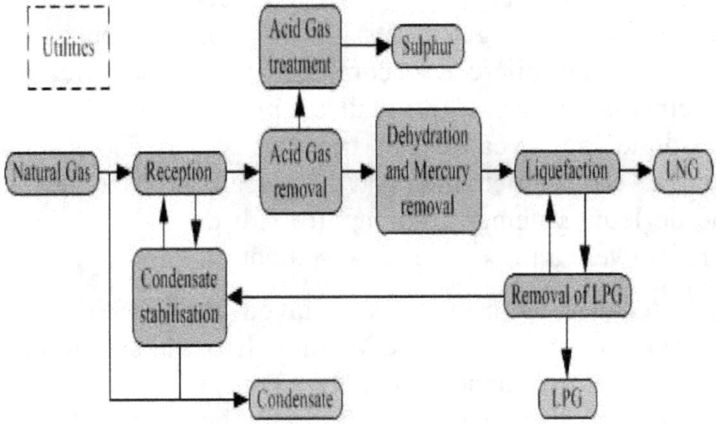

Ce projet gazier[134] a permis la commande à Eiffage Sénégal pour 230 milliards de FCFA d'une unité de brise-lames flottants constituée de 21 caissons en béton de 16 500 tonnes chacun, afin d'assurer la sécurité de cette installation nautique (*offshore break water*) contre l'action du phénomène maritime de houles.

[134]Article de Ravinder Manoharan (2014), sur le site *Centrale énergies* (réseau d'anciens élèves des cinq écoles centrales de Paris), « Le FLNG : la production et la liquéfaction du gaz naturel en eaux profondes », in https://www.centrale-energie.fr/spip/spip.php?auteur37

Ces différents programmes ont été bien structurés et engagés. L'État du Sénégal surveille leur bonne exécution en vue de s'assurer du respect des échéanciers initiaux pour le lancement de la phase de production offshore, quand bien même de légers décalages avaient été observés en raison de l'impact de la crise sanitaire de la Covid-19.

Section III : Stabilité des investissements et évaluation des risques de conjoncture

La stabilité de la programmation des investissements prévisionnels n'est pas, à ce jour, remise en cause. Les processus de validation des budgets (FID : *Final Investment Decision*) des projets Grand Tortue Ahmeyim et Sangomar ont été menés à terme respectivement en décembre 2018 et janvier 2020, ce qui permet au Sénégal de constater avec fierté la productivité et l'efficience de tous les partenaires de ces deux projets stratégiques offshore. Ceci a valu au Sénégal la distinction de l'industrie pétrolière de la *Fastest discovery to sanction in LNG history.*[135] La rapidité d'adoption de la décision d'investissement pour le gaz de GTA, en à peine 3 à 4 ans après la série de découvertes à partir de 2014, témoigne de la confiance des investisseurs en dépit d'un report du début de la production.

Paragraphe I : Le report de la phase d'ouverture de la production du projet Sangomar et les incertitudes

Le report de la production a été décrié par certains commentateurs.[136] On aurait cru qu'ils cherchaient à conjurer un mauvais sort éventuel par des déclarations alarmistes et en s'empressant de prédire un bouleversement des projets offshore du Sénégal, ce qui a naturellement donné lieu à des mises au point plus rassurantes de la part des responsables publics sénégalais. La clarification était importante pour ne pas semer le trouble dans l'opinion publique locale et internationale.[137] Il a en effet bien été précisé par le secrétaire adjoint du Cos-Petrogaz que « rien changeait » aux perspectives pétrolières du pays et que le Covid-19 avait retardé uniquement d'une année le démarrage du projet, prévu pour janvier 2022, tandis que le

---

135 Interview du quotidien Le Soleil du 02 juin 2020 du Secrétaire Permanent adjoint du Cos-Pétrogaz (Mamadou Fall Kane) : "Rien ne change dans l'agenda énergétique du Sénégal " in https://www.seneweb.com/news/Economie/mamadou-fall-kane-cos-petrogaz-quot-rien_n_319546.html

136 Article du quotidien français *Le Monde* du 22 mai 2020, de Théa Ollivier et Mariama Darame : « Au Sénégal, les perspectives d'exploitations pétrolières s'éloignent une fois de plus », in https://www.lemonde.fr/signataires/thea-ollivier/

137 Mamadou Fall Kane, interview du 20 juin 2020 du Cos-Petrogaz à propos de l'équation du Covid-19 sur l'exploitation des projets pétroliers et gaziers du Sénégal, in https://www.seneweb.com/news/Economie/mamadou-fall-kane-cos-petrogaz-quot-rien_n_319546.html

projet Sangomar ne connait pas de retard significatif et son début de mise en œuvre est reporté à 2024. En revanche, il faut noter que le Covid-19 a bien eu un impact sur le processus des soumissions de l'appel d'offres de Petrosen, repoussé à 2021. Seule l'évolution des cours pétroliers mondiaux permettra ou non de valider l'éventualité du repositionnement des projets offshore à l'étude. La remontée des cours pétroliers depuis plusieurs mois permet de penser que les projets pétroliers n'ont pas été significativement affectés par la pandémie mondiale ayant certes entraîné une entrée de crise économique avec récession de l'économie mondiale pendant près de trois ans. Les États-Unis ont ainsi fait tout leur possible pour éviter la faillite du secteur des hydrocarbures de schiste en faisant pression sur l'Arabie saoudite afin qu'elle limite ses quotas de production mis sur le marché. Dans ce contexte, les marges de manœuvre d'un petit pays comme le Sénégal ont été très limitées, occasionnant des retards dans la mise en route des projets d'exploration.

Paragraphe II : La menace d'un risque de défaut

Le risque de défaut a concerné, pour le projet Sangomar, FAR Ltd, n'ayant pas pu libérer sa contribution de 15 % au financement de l'investissement. Mise en demeure, l'entreprise avait jusqu'à décembre 2020 pour le faire, mais il fallait s'y attendre, le miracle n'est pas intervenu et une cession de ses actifs s'est donc imposée. On note aussi une cession des actifs de Cairn Energy à Lukoil, qui a repris les engagements financiers du cédant. Pour GTA, on annonce la possibilité d'un départ de Kosmos Energy. Néanmoins, BP semble bien contrôler le développement du projet.

L'impact du changement d'un participant au sein d'une joint-venture n'est pas vraiment important. C'est plutôt pour le lancement et le développement de nouveaux projets dans le bloc maritime qu'il peut y avoir de nouvelles approches opérationnelles divergentes entres les membres de la joint-venture. Seul le temps nous confirmera la possible réalisation de ce risque. Passons à présent à l'étude des mécanismes de coopération multilatérale et bilatérale.

Chapitre II

Le renforcement de la coopération interétatique et du partenariat public-privé à travers le développement de l'offshore

Le commerce a toujours été un axe de rapprochement entre les peuples et les États. La région d'Afrique de l'Ouest n'échappe pas à cette règle. Ainsi, les développements spectaculaires de l'exploration offshore, au cours de ces six dernières années, du bassin sédimentaire commun au Sénégal, à la Mauritanie, la Gambie et la Guinée, ont redynamisé la coopération entre ces pays à travers le forum institutionnel du MSGBC, ainsi que les accords bilatéraux que nous étudierons dans les trois sections suivantes.

Section I : La coopération sous-régionale sur le bassin sédimentaire ouest-africain (MSGBC Bassin)

Paragraphe I : Le partage d'expérience entre les acteurs publics et privés de l'offshore pétrolier – la mutualisation des expériences

Les partenariats public-privé constituent un facteur clef de la promotion et de l'exploitation dudit bassin sédimentaire. Le forum de Dakar de janvier 2020 fut l'occasion pour les participants publics et privés de se rencontrer à travers des discussions dans les stands des opérateurs pétroliers exposant pour des échanges de contacts directs.

C'était également l'occasion pour les autorités officielles de se parler de façon à la fois formelle et informelle sur les modalités concrètes de telle ou telle coopération opérationnelle. Ce cadre reste toutefois insuffisant pour déclencher des mécanismes de coopération internationale qui se passent à travers les grandes commissions mixtes inter-États pour la gestion de telle question sur la coopération bilatérale en matière de pollution et d'incidents maritimes.

À ce sujet, notons que les relations entre le Sénégal et la Mauritanie ont parfois été tendues sur des irritants politiques ou économiques.[138] Côté mauritanien, la présence au Sénégal d'opposants politiques continuant à se faire entendre agace les autorités de Nouakchott tandis que côté sénégalais, les arraisonnements musclés de pirogues sénégalaises dans les eaux territoriales étaient ressentis avec une frustration contenue.

Ces péripéties de voisinage ont pu rendre difficile, avant les découvertes de 2014, la spontanéité des échanges entre ces deux pays au sein du MSGBC.

Fort opportunément, ces découvertes pétrolières et gazières ont rendu plus solidaires ces deux pays pour traiter de manière plus sereine les différents troubles de voisinage respectifs, car elles ont bien conscience qu'un climat politique et social tendu entre les deux pays ne peut qu'être une entrave à une coopération opérationnelle entre eux sur les questions d'intérêts stratégiques. Celles-ci sont

---

[138] Voir article IFRI de Benjamen Augié (2017) : « Le gisement transfrontalier de Tortue : le symbole d'une relation compliquée entre le Sénégal et la Mauritanie », in https://www.ifri.org/sites/default/files/atoms/files/auge_gisement_transfontalier_tortue_2017.pdf

également débattues entre les experts des deux pays. Citons quelques-uns des ateliers qui ont été abordés lors du dernier forum de Dakar de janvier 2020 :

- *exploiter les capacités de financement local : opportunités de collaboration locale et internationale pour le financement des projets ;*
- *renforcement des capacités locales en eaux profondes en Afrique de l'Ouest : étude de cas du Ghana (présentation du représentant régional de Halliburton) ;*
- *exploration du changement de rôle des prestataires sur les initiatives de contenu local et développement des capacités nationales : attente, meilleures pratiques et implémentations ;*
- *local content en action – Initiatives pratiques et l'expérience sénégalaise (DG & VP Business Development – Afrique de l'Ouest et du Centre : (Technip FMC) ;*
- *local content : l'expérience gambienne – succès et challenges ;*
- *soutien international pour l'investissement national : mise en place des capacités et initiatives locales (débats des ambassadeurs : modération de l'ambassadeur des États-Unis au Sénégal – intervenants : ambassadeurs de Grande-Bretagne, de France).*

Ces différentes discussions attestent du haut niveau de la réflexion stratégique qu'il conviendrait à notre avis de structurer dans un cadre de management de projets opérationnels au sein de commissions bilatérale et multilatérale, ou dans le cadre d'une entité sous-régionale érigée en centre d'expertise sous-régional. Nous développons ces questions dans le paragraphe suivant.

Paragraphe II. Proposition d'une nouvelle vision prospectiviste du MSGBC

A. Les échanges d'informations pertinentes et les harmonisations de législations fiscales

Les différents pays ont tous un intérêt à échanger des informations et à coopérer pour la mise en valeur de leur bassin sédimentaire national. Ces informations peuvent prendre plusieurs formes, à travers :

- la sollicitation commune d'experts juridiques et financiers internationaux pour assister les administrations publiques et les compagnies nationales pétrolières ;
- la mise en place de mécanismes de formation des cadres nationaux, notamment la mutualisation des centres d'excellence de formation, ce qui permettrait l'accès à certaines institutions nationales déjà opérationnelles : par exemple, ce serait la possibilité pour la Mauritanie, la Gambie, la Guinée-Bissau, la Guinée-Conakry, de pouvoir former leurs ingénieurs à Dakar à l'INPG, à l'Institut des sciences de la terre de Dakar, plutôt que de devoir multiplier le financement de petites écoles techniques nationales dans chaque pays ;
- les retours d'expériences d'organisation des appels d'offres internationaux ;
- le bilan des négociations de gré à gré ;
- les retours d'expériences sur les controverses nationales ayant émaillé telle ou telle opération offshore (controverses financières) ;
- l'évaluation du sérieux de certains partenaires privés ;
- l'échange d'informations sur les annulations de CRPP pour défaut d'exécution des engagements contractuels ;
- la mise en harmonie de leur législation fiscale : en effet, notons sur ce dernier point les accords entre

États qui permettraient d'éviter un *duming* fiscal. Ceci causerait la ruine des États, ou tout au moins, la réduction considérable de leurs avantages financiers et fiscaux tirés de l'exploitation optimale de leurs ressources naturelles, s'ils n'étaient pas tous engagés dans une concurrence entre eux pour s'attirer les bonnes grâces des IDE en vue de promouvoir individuellement l'exploration de leurs propres ressources naturelles ;

- la capitalisation d'expérience sur les échecs de la préparation de certaines campagnes sismiques, les échecs de l'exploitation antérieure de certains gisements – cas du gisement de Chinguetti en Mauritanie –, et d'une meilleure appréciation par les experts nationaux des comportements des puits et des méthodes d'extraction ;
- le développement de grandes études communes de modélisation du bassin sédimentaire commun afin d'en avoir une connaissance géophysique intégrée dans le cadre d'une évaluation de tous les paramètres dynamiques interagissant entre eux (analyse sédimentaire de la chaîne de Markov) ;
- les partages d'informations pertinentes sur les données sismiques frontalières.

B. La mise en place de mécanismes de coopération entre administrations nationales ou d'un centre d'expertise sous-régional

La mise en concurrence des États pour le développement de leurs propres ressources peut être atténuée par la création d'organismes techniques supranationaux chargés d'apporter une assistance opérationnelle à chacun d'entre eux.

Il s'agirait de recenser les meilleurs ingénieurs en géologie marine, terrestre, les géophysiciens, les économistes pétroliers, les juristes pétroliers, les spécialistes les plus compétents de la big data, et de constituer un pool d'experts régionaux, détachés par leurs administrations nationales ou directement recrutés par ce centre d'expertise sous-régional. Il s'agirait de créer une communauté d'experts sous-régionaux dans une sorte de Silicon Valley MSGBC. Cet organisme public permettrait de gérer les rapports avec les différents opérateurs pétroliers qui sont parfois les mêmes de part et d'autre des eaux territoriales de la Mauritanie et du Sénégal, par exemple.

Section II : L'accord de coopération entre le Sénégal et la Mauritanie

La juste répartition de la richesse entre deux États frontaliers à propos d'une ressource naturelle à cheval sur le tracé des frontières peut être une source d'envie, de jalousie et de tension politique conduisant au réveil des instincts agressifs du patriotisme des deux pays. Cela peut compromettre l'exploitation de la matière première convoitée ou tout au moins retarder sa mise en production qui ne saurait se faire dans les conditions d'intentions belliqueuses réciproques. À l'opposé, il peut se créer un puissant courant de réalisme politique et économique pour amener les États à coopérer de façon rationnelle et optimale afin, d'une part, de permettre à leurs finances publiques de trouver un nouveau moteur de croissance, et d'autre part, de donner un puissant signal aux investisseurs privés pour s'engager sans réserve dans une aventure économique commune sur le fondement d'intérêts communs publics et privés bien compris. C'est ce qui a fait dire au directeur général de BP Upstream qu'il s'agissait « d'un projet innovant et d'une nouvelle chaîne de valeur gazière en eaux profondes »[139]. Nous comprenons ainsi que l'accord de coopération entre le Sénégal et la Mauritanie du 9 février 2018 portant sur la première phase du développement GNL Grand Tortue Ahmeyim soit la suite logique des accords préparatoires signés par chacun de ces États et leurs partenaires respectifs BP, Kosmos Energy et les compagnies pétrolières nationales Petrosen (Sénégal) et SMHPM[140] (Mauritanie). Son but principal est, d'une part, d'organiser la répartition de la ressource gazière entre ces deux pays et leurs partenaires opérationnels, et d'autre part, de créer le cadre de l'organisation opérationnelle de ce consortium public-privé. Nous étudierons ces deux perspectives dans les deux prochains paragraphes.

Paragraphe I. La répartition de la ressource gazière entre le Sénégal et la Mauritanie

Champ gazier entre la Mauritanie et le Sénégal (source : Kosmos Energy)[141]

[139] Citation rapportée par l'article de la revue *Financial Afrik* du 22 décembre 2018 : « Sénégal-Mauritanie : tout sur le partage pétrolier », in https://www.financialafrik.com/2018/12/22/senegal-mauritanie-tout-sur-le-partage-petrolier/

[140] Société Mauritanienne des Hydrocarbures et de Patrimoine Minier.

[141] Carte rapportée par l'article de la revue *Jeune Afrique* du 12 février 2018 : « L'accord signé le 9 février entre la Mauritanie et le Sénégal permettra l'exploitation du gisement gazier offshore commun Grand Tortue-Ahmeyim (GTA) de 450 milliards de mètres cubes à partir de 2021 », in https://www.jeuneafrique.com/529801/economie/gaz-accord-entre-la-mauritanie-et-le-senegal-pour-lexploitation-dun-champ-offshore/

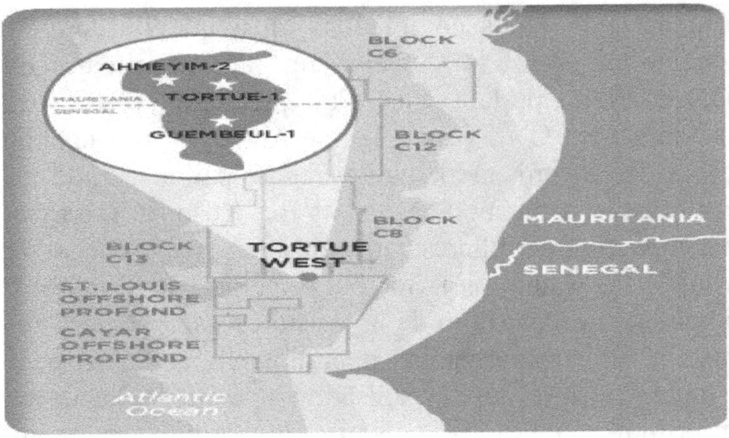

Cet accord a fait l'objet de l'adoption d'une loi dans les deux États. Au Sénégal, il s'agit de « la loi 2018-21 du 14 juin 2018 autorisant le Président de la République à ratifier l'Accord de coopération inter-États portant sur le développement et l'exploitation des réservoirs du champ Grand Tortue/Ahmeyim entre la République du Sénégal et la République islamique de Mauritanie, signé le 9 février 2018, à Nouakchott »[142].

L'article 6 alinéa 2 de la loi rapportant ladite convention organise un partage provisoire égal de 50 % de la ressource entre les deux États. Il dispose à cet effet :

« *Les deux États sont convenus, à titre provisoire, que la répartition de la production des hydrocarbures provenant du champ Grand Tortue/Ahmeyim, et des coûts d'exploration, de développement, de production et d'abandon y associés, sera faite sur la base d'un partage égal, soit 50 % pour la zone économique exclusive de la Mauritanie, et 50 % pour la zone économique exclusive du*

[142] Loi n° 2018-21 du 14 juin 2018 rapportée in http://www.dri.gouv.sn/sites/default/files/an-documents/L-2018-21.pdf

Sénégal. Les dépenses préalables à « l'unitisation »[143] *seront considérées comme des dépenses relatives au Périmètre de l'Unité pour tous les besoins du présent Accord. La liste de ces dépenses sera définie comme une annexe de l'Accord d'unitisation. Cette répartition provisoire sera effective jusqu'à son éventuelle modification dans le cadre d'une redétermination effectuée conformément à l'article 7 du présent Accord.* »

En clair, cette disposition signifie que les ressources gazières et pétrolières découvertes dans les zones économiques exclusives des deux États, c'est-à-dire dans leur zone maritime respective, sont mises en commun pour leur exploitation intervenant dans le cadre d'une exploitation mise en œuvre par un seul et même opérateur offshore, qui mettra en place une joint-venture entre les opérateurs privés du projet et les sociétés nationales de chacun des deux États.

Les deux États acceptent de se partager équitablement, à hauteur de 50 % chacun, les bénéfices de l'exploitation unique qui centralisera dans un compte unique les coûts opératoires de l'exploitation globale du champ GTA, notamment, par exemple, le coût de l'acquisition des deux barges du complexe pétrochimique nautique FLNG.

Chaque État, pour la quantité des ressources qui lui appartient, va signer un accord de recherche et de partage de production avec les opérateurs pétroliers offshore.

L'Accord indique que la nouvelle détermination de cette clef de répartition devra intervenir après une période de cinq ans. Toutefois, les parties souhaiteraient, d'après les termes de l'article 7, garder le plus longtemps possible cette clef de répartition des ressources de ce champ gazier.

---

[143] Anglicisme du jargon pétrolier signifiant la valorisation d'un même champ pétrolifère par plusieurs compagnies.

Cet article 7 dispose, alinéas 1 et 2 :

« *Les Parties acceptent et reconnaissent que leur intention est que la répartition de la production et des coûts y associés demeure stable autant que possible afin de favoriser des relations constructives entre les deux États et leur Contractants.*

Les Parties conviennent qu'aucune redétermination ne pourra intervenir avant cinq (05) ans après la date de début de la production commerciale des réservoirs du champ Grand Tortue/Ahmeyim. Après cette période, la redétermination devra être effectuée. »

L'objectif de cette période quinquennale de gel de la répartition paritaire, c'est d'une part, de mieux cerner la cartographie des puits sous-marins, de leur potentiel, de leurs débits effectifs, d'accumuler le maximum de données d'exploitation et de pouvoir effectuer de façon fiable des prévisions sur les sources géographiques de production des puits, et d'autre part, de se concentrer sur l'objectif commun de production de richesse, de ne pas troubler l'exploitation commune dont les régulations opérationnelles sont également précisées par ledit accord.

Paragraphe II. Les dispositions opérationnelles de l'Accord de coopération inter-États

L'accord prévoit dans sa partie 1 relative au « développement et à l'exploitation des réservoirs du champ Grand Tortue/Ahmeyim » diverses dispositions et procédures de concertation entre les États pour assurer le bon fonctionnement de l'exploitation commune dans les domaines suivants :

- les tracés des canalisations vers les installations gazières ;

- la répartition entre les deux pays de l'infrastructure pétrochimique pour le prétraitement, le traitement, la liquéfaction du gaz, le stockage et le chargement pour l'exportation ;
- les mesures de sûreté et de sécurité de la zone et des installations pétrochimiques ;
- le contrôle du matériel de communication radio destiné aux opérations de développement et d'exploitation des réservoirs du champ GTA ;
- les programmes d'assurance à exiger des opérateurs offshore, notamment la mise en œuvre des meilleures pratiques de l'industrie pétrolière internationale en matière d'assurance et de risques ;
- les modalités de l'inspection pour assurer le respect des normes de sûreté et de sécurité par des inspecteurs assermentés ;
- les autorisations de cession des droits des contractants privés des joint-ventures.

Les quatre autres parties de cet accord concernent les questions suivantes :

- la liquéfaction et les exportations du gaz à partir des réservoirs du champ GTA ;
- le gaz naturel pour le marché intérieur local des deux États ;
- les impôts ;
- les questions diverses incluant la question du développement du contenu local, la mise en place d'une commission consultative pour faciliter la mise en œuvre et le suivi de l'Accord, le dispositif d'arbitrage en cas de contentieux.

Bref, cet accord est assez exhaustif pour créer un cadre d'anticipation et de résolution des difficultés opérationnelles qui ne manqueront pas de se poser au cours de l'exploitation. Le plus important à signaler, c'est la commune volonté des États d'adopter une démarche moderne de codéveloppement fondé sur le partage des ressources, des gains, et des contributions financières. Il augure stabilité et coopération paisible entre ces deux États dont les relations ne furent pas toujours faciles, comme l'attestent la crise politique et sociale de 1987 entre le Sénégal et la Mauritanie, et les contentieux de l'exploitation des ressources halieutiques. Ce modèle d'accord est assez complet, à l'opposé de l'accord de coopération entre le Sénégal et la Guinée-Bissau, car dans le deuxième cas, l'exploitation des réserves n'est pas encore une perspective immédiate au regard du potentiel de la zone.

Section III : L'Accord de coopération entre le Sénégal et la Guinée-Bissau

À la suite du contentieux[144] du tracé de la frontière maritime entre le Sénégal et la Guinée-Bissau, alors même que les sentences arbitrales de 1989 et l'arrêt de la Cour internationale de justice de 1991 étaient en faveur du Sénégal, les deux pays ont décidé finalement de coopérer et ont créé, par l'accord du 14 octobre 1993, l'Agence de gestion et de coopération entre le Sénégal et la Guinée-Bissau. Il s'agissait de la mise en commun pour une exploitation conjointe des ressources halieutiques et d'hydrocarbures de la zone litigieuse, zone maritime située entre les azimuts 268° et 220° tracés à partir du cap Rox, issue des zones économiques exclusives des deux pays. Cette zone est divisée en 6 blocs attribués aux sociétés

[144] Voir Ibou Diaité (1995), « Le règlement du contentieux entre la Guinée-Bissau et le Sénégal relatif à la délimitation de leur frontière maritime », in *Persée* : https://www.persee.fr/doc/afdi_0066-3085_1995_num_41_1_3351

suivantes : Cnooc (AGC Profond en 2017) ; Rhino Resources (AGC Ultra profond 4 en 2015) ; Oryx (AGC Central en 2014) ; Tender Oil & Gas SARL (AGC Ultra Profond 3 en 2012).

Nous renvoyons à la carte du bassin MSGBC avec localisation du champ du Dôme Flore dans les eaux sénégalaises, dont les prospections avaient, en 1967 et 1971 (Dôme Flore et Dôme Géa), mis en évidence un gisement d'huile lourde évalué à 1 milliard de barils.

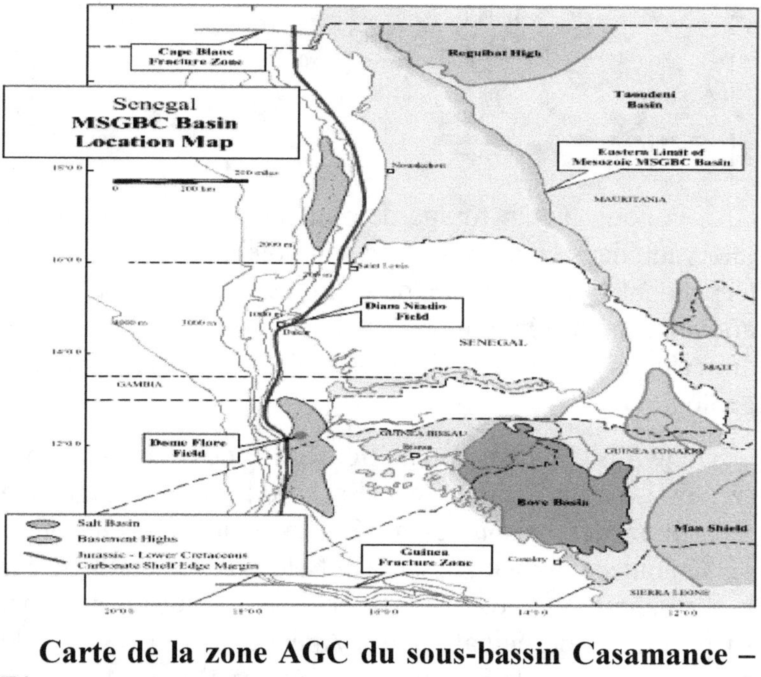

Carte de la zone AGC du sous-bassin Casamance – Bissau

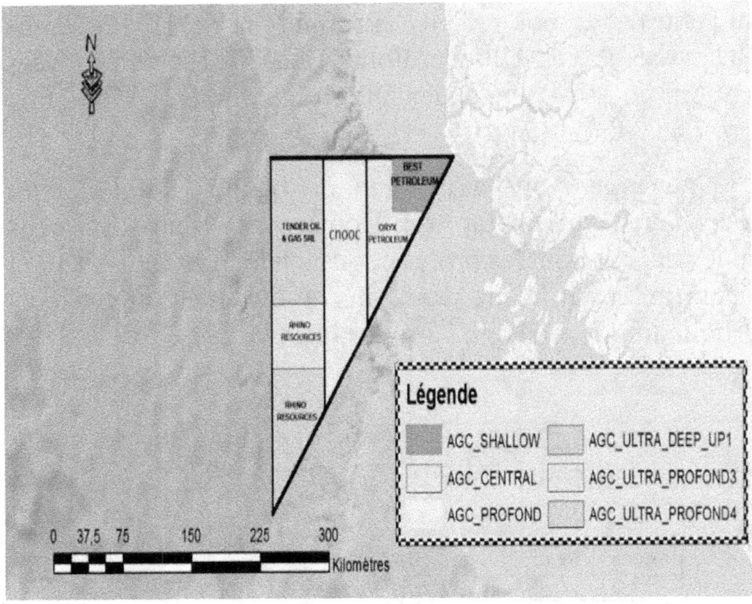

À ce jour, aucun forage de puits en eau profonde n'est intervenu dans la zone AGC et son potentiel reste inconnu. Cependant, le champ Dôme Flore fait l'objet d'une nouvelle interprétation des données sismiques en trois dimensions pour une meilleure appréciation de la formation géologique.

Cette mise en commun de l'expertise des deux États n'a pas été toujours facile car l'accord qui attribuait une répartition des ressources à 85 % pour le Sénégal contre 15 % pour la Guinée-Bissau avait été critiqué en 2014 par le Président Vaz de la Guinée-Bissau, qui avait ainsi suspendu sa participation à l'Agence de gestion et de coopération entre le Sénégal et la Guinée-Bissau.

Côté Sénégal, on a toujours considéré que le vieux gisement du Dôme Flore découvert depuis plus de cinquante ans dans les eaux du plateau continental sénégalais était le seul gisement de pétrole lourd ayant des réserves prouvées.

C'est ce qui expliquait que l'article 2 de l'accord de 1993 faisait la répartition suivante :

« Le partage des ressources provenant de l'exploitation de la zone se fera selon les proportions suivantes :

Pour les ressources halieutiques,

50 % pour le Sénégal,

50 % pour la Guinée-Bissau,

Pour les ressources du plateau continental,

85 % pour le Sénégal,

15 % pour la Guinée-Bissau. »

Néanmoins, la Guinée-Bissau a repris sa participation à l'AGC et a procédé en 2020 à la nomination d'un nouveau secrétaire général.

Après avoir analysé les dynamiques contractuelles entre États, étudions à présent les processus contractuels entre l'État du Sénégal et un opérateur privé.

À vrai dire, le processus est très standard dans la plupart des pays.

Chapitre III

L'exigence d'équité à travers le partage des revenus pétroliers entre les opérateurs d'hydrocarbures et l'État

L'exploitation offshore est l'aboutissement de tout un processus opérationnel combiné à une interprétation scientifique de données sismiques de géologie et de géophysique complétées par des analyses quantitatives de confirmation, des données de forages de prospection antérieurs.

Ces processus d'évaluation du potentiel d'un gisement sont très complexes et sont confiés à des experts chevronnés de l'évaluation des réserves pétrolières et gazières. On parle de réserves prouvées (P90), probables (P0), possibles (P10) en fonction du pourcentage de succès.

Ce processus, allant de la prospection à l'exploitation en passant par les travaux de développement, va constituer très brièvement le contenu de la première section.

Cette même expertise est également requise du côté de l'État à travers ses structures spécialisées, plus particulièrement par le recours à la société pétrolière nationale Petrosen, mais en principe, également par le recours à des juristes pétroliers spécialisés en droit pétrolier international, à des experts fiscaux spécialistes de la fiscalité pétrolière, des économistes industriels, des spécialistes des techniques de financement international, ainsi que des experts des études de conjonctures et de prospectives.

Ce processus débouchant sur les contrats pétroliers nous conduira à la deuxième section, qui portera sur l'analyse des contrats de recherche et de partage de production (CRPP) au Sénégal. Nous faisons le choix de faire un focus sur cette technique contractuelle mais il faut cependant savoir qu'il existe d'autres modalités de contractualisation dont le contenu est plus ou moins différent et qui peut revêtir des appellations diverses dans le cadre du recours à l'accord d'exploration (de prospection) et de production (E & P), au contrat d'exploration et d'exploitation, à la concession, à l'accord de licence, à l'accord de partage du pétrole (APP), au contrat de partage de production (CPP), au contrat d'amodiation de pétrole et de gaz (*oil and gas lease*). Ces différents vocables se ramènent à trois régimes :

- celui de la concession, de l'amodiation[145] de pétrole et de gaz fondé sur la propriété du gisement accordée au concessionnaire moyennant le paiement d'impôts ;
- celui du contrat service pour le compte de l'État, propriétaire des gisements, moyennant une commission incluant les charges d'exploitation du prestataire ;
- le régime mixte permettant le partage de production entre l'État et l'opérateur, fondé sur les gains de l'exploitation commune, ainsi que sur un régime de taxes sur les activités et d'impôts sur bénéfices. Ce dernier système est celui appliqué par le Sénégal.

[145] Dans l'industrie du pétrole et du gaz, un accord d'amodiation est un accord conclu par le propriétaire d'un ou de plusieurs baux miniers, appelé le « farmeur », et une autre société qui souhaite obtenir un pourcentage de propriété de ce ou ces baux en échange d'une prestation de service de forage dans sa concession.

Il est également important d'avoir à l'esprit les articulations existant entre le contrat pétrolier et d'autres normes juridiques, car les contrats s'inscrivent toujours dans un écosystème juridique pyramidal faisant référence à la Constitution, aux lois, à la règlementation, avant d'aboutir à la convention particulière.146

Cela signifie qu'il ne suffira pas simplement de lire un contrat pétrolier particulier pour avoir une compréhension exhaustive de l'économie dudit contrat, dont certaines des clauses feront appel à un certain nombre de références légales comme le Code des impôts, le Code pétrolier, le Code de l'environnement, et parfois à des standards plus généraux tels que « les meilleures pratiques de l'industrie pétrolière internationale », notamment dans les domaines de la sûreté et de la sécurité, des nature et forme de programme d'assurance et de garanties financières internationales.

Il existe enfin plusieurs techniques d'attribution de blocs pétroliers qui sont toutes admissibles :

- système d'appel d'offres international, entrainant une mise en concurrence des sociétés opératrices offshore à partir d'un cahier des charges élaboré par la société pétrolière nationale, en l'occurrence, Petrosen[147] ;
- recours à la négociation ad hoc (au cas par cas) pour négocier tel ou tel avantage fiscal ;
- option du « premier arrivé, premier servi ». C'est le prix de la course dans le contexte de l'évaluation

---

[146] Voir le document « Les contrats pétroliers » de Publiez ce que vous payez (PCQVP), Open oil, Cordaid, ouvrage collectif booksprint, 2013, in *Les contrats pétroliers à la portée de tous*, 260 pages, in file:///C:/Users/HP.000/Downloads/Contrats-P%C3%A9troliers-%C3%A0-la-port%C3%A9e-de-tous%20(2).pdf

[147] Voir le dernier appel d'offres international 2019 de Petrosen, dénommé le « Petrosen Licencing Round ».

d'une candidature spontanée. La société pétrolière ayant les qualifications et expériences habituelles requises, ayant fait une proposition à l'État et s'étant mise en conformité juridique avec la règlementation nationale, après des négociations sur le contrat, obtient l'attribution d'un bloc pétrolier de prospection.

Comme nous le voyons, ce processus juridique et financier est tout aussi complexe, mais nous nous attacherons à le résumer succinctement pour la clarté de notre propos.

Examinons maintenant le processus conduisant à ce contrat, processus qui du côté du prospect, opérateur offshore, se pilote à travers des mécanismes de gestion de projet.

Section I. Les étapes de la gestion d'un projet offshore

La gestion d'un projet offshore va conduire à diverses étapes qu'il est important de connaître afin d'évaluer, par exemple, les effets de la fiscalité sur l'ensemble du cycle du projet.[148] En outre, de manière plus décisive, dans la formule CRPP, les coûts opératoires attachés aux différentes phases[149] d'exploration, de développement,

---

[148] Voir le document Fonds monétaire international (2012), « Régimes fiscaux des industries extractives : conception et application », in file:///C:/Users/HP.000/Downloads/081512f%20(2).pdf

[149] Voir ITIE, Serigne Mboup (2017), « Conférence publique sur l'exploration-production pétrolière et gazière », in https://itie.sn/conferences-de-l-itie/ ; ITIE, Initiative pour la transparence dans les industries extractives, dossier 2015, Adrien Sodma et Idrissa Bodian, « Cadre opérationnel d'un projet pétrolier », in

d'exploitation et d'abandon pour mise hors service vont avoir une influence sur l'analyse du *cost oil* et du *profit oil* que nous analyserons dans la section 2. Nous résumons cette phase d'analyse globale à travers la représentation graphique ci-dessous que nous empruntons à l'exposé de M. Serigne Mboup, ancien directeur général de la SAR et de Petrosen, lors d'une conférence publique de 2017 de l'ITIE sur l'exploration-production pétrolière et gazière. Il confirme que la spécificité de la gestion des projets offshore ne déroge pas tant que cela, sur le fond, aux principes directeurs structurant la gestion classique d'un projet à travers les 5 cycles habituels (théorie du « management cycle »[150]) correspondants aux phases de :

1. Cadrage – étape de lancement du projet : identification de l'opportunité à saisir
2. Conception et planification – étape du planning : plan opérationnel ou business plan
3. Réalisation du projet – étape exécution : mise en œuvre stratégie (*milestones*)
4. Contrôle et suivi – étape monitoring avec des *key performance indicators* (KPI)
5. Clôture – atteinte des objectifs et démobilisation des équipes

Revenons à notre *phasing* d'un projet pétrolier pour apprécier les risques et incertitudes.

---

https://fr.scribd.com/document/472214778/3-Cadre-operationnel-d-un-projet-petrolier-pdf

[150] Roger Aïm, « Les fondamentaux de la gestion de projet », Afnor éditions, https://groupe.afnor.org/pdf/fondamentaux-gestion-projet.pdf

Source : ITIE 2017, Serigne MBOUP (SAR/PETROSEN)

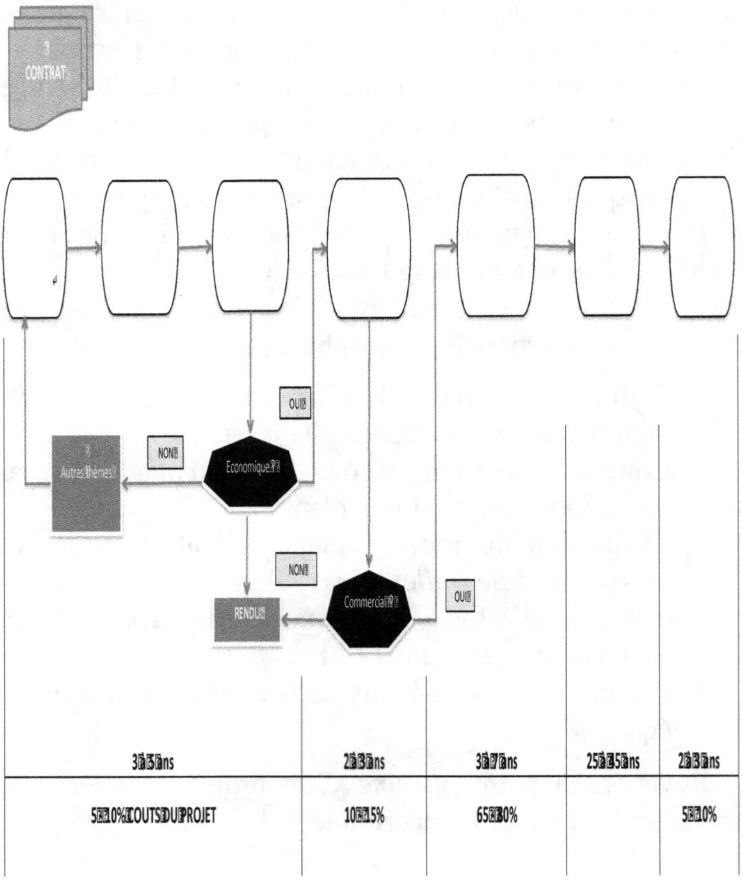

Paragraphe I. La phase d'exploration

C'est une phase de prise de risques maximale par l'opérateur offshore au regard du coût des campagnes sismiques qui dans 80 % des cas, pour les zones vierges, ne donnent pas de résultats concluants. Ces probabilités d'échec diminuent à 70 % si la zone a déjà fait l'objet d'une documentation géologique, pour finalement se situer à une probabilité à 40 % à proximité d'une zone de production.[151] C'est la raison pour laquelle le choix des projets d'exploration du portefeuille est important. L'opérateur, avant de se lancer dans des campagnes sismiques, va évaluer les travaux antérieurement réalisés et acheter au besoin des données sismiques auprès de certains spécialistes tels que GeoPartner Limited, ayant une bonne notoriété professionnelle en raison de ses services d'assistance en matière de géophysique et géologie, aux agences gouvernementales, compagnies pétrolières et industries internationales du pétrole et du gaz. Cette société est ainsi reconnue sur le plan international pour le service d'analyse et de retraitement des données sismiques issues de prospections antérieurement effectuées par des compagnies pétrolières et dont les résultats infructueux ont été communiqués à Petrosen.

Cependant, lorsque les campagnes sismiques effectuées s'avèrent prometteuses, il s'ouvre alors une phase d'analyse économique de la rentabilité des puits découverts durant la campagne sismique, ce qui va conditionner la décision stratégique d'engagement contractuel de l'opérateur offshore avec les autorités publiques. D'une façon générale, cette phase va porter sur :

- la conduite d'études géophysiques et géologiques ;
- l'exécution de forages d'exploration pour établir la présence ou non d'hydrocarbures, avoir des informations sur la formation géologique telles que la formation des couches géologiques et le fluide contenu dans la roche ;

[151] IFP School, 2002, « Pourquoi et comment décide-t-on de forer dans un endroit donné ? », in http://www.fondation-tuck.org/upload/docs/application/pdf/2015-02/2_pourquoi_comment_forer.pdf

- l'exécution de forage de délinéation, ces derniers étant des puits complémentaires au puits d'exploration pour apprécier l'évolution géographique du gisement et disposer d'information complémentaire en vue d'une décision finale.

Il est apprécié, durant cette phase, la situation des réserves, selon qu'elles existent, sont accessibles à l'exploration, sont identifiées, techniquement productibles et surtout économiquement rentables ou non.

Les puits explorés durant cette phase sont rebouchés après les opérations à l'aide d'un ciment spécifique.

Paragraphe II. La phase de développement

C'est une phase préparatoire pendant laquelle il sera exécuté un plan de développement consistant dans le forage des puits dits de développement ou de production, le forage de puits d'injection et l'installation de l'infrastructure d'exploitation nécessaire à l'entrée en service du gisement : l'équipement des puits en tubes, pompes, arbres de Noël, têtes de puits, construction et mise en service des lignes de transmissions électriques et des cabines de contrôle…, bref, c'est toute la machinerie et la logistique indispensables à la phase de production des gisements.

Paragraphe III. La phase de production

Il est important pour l'opérateur offshore d'avoir au préalable élaboré un plan de production avec un calendrier précis de production. Les programmes de production doivent être les plus efficients possible, s'agissant de la stratégie de production, pour éviter un gaspillage de pétrole et du réservoir d'énergie. Ce plan va également traiter des questions économiques, commerciales, de l'infrastructure de transport, des aspects ressources humaines, et du volet sûreté et sécurité. La phase de production au Sénégal, en l'état actuel des découvertes pétrolières et gazières, est conclue pour une période de trente ans, étant entendu qu'au niveau des blocs de Rufisque, Sangomar et Sangomar Profond, seul le champ de Sangomar a fait l'objet d'une évaluation complète.

Les investissements prévisionnels de la phase 1 du plan de développement de Sangomar, approuvés par le ministre du Pétrole et de l'Énergie[152], s'élèvent à 4,2 milliards d'USD et se présentent comme suit :

- acquisition du FPSO : 1,1 milliard d'USD ;
- forages : 1,2 milliard d'USD ;
- pipelines : 0,8 milliard d'USD ;
- frais opérateurs et logistiques : 1,1 milliard d'USD.

Cette phase 1 viserait des ressources pétrolières estimées à 231 millions de barils provenant d'après Woodside « du développement des réservoirs inférieurs, moins complexes, et d'une phase pilote initiale dans les réservoirs supérieurs ».

La phase 1 dudit plan de développement prévoit 11 puits producteurs, 10 puits d'injection d'eau et 2 puits d'injection de gaz. Des contrats ont ainsi été passés avec la société Diamond offshore pour les forages, tandis que Subsea Integration Alliance (un consortium constitué des sociétés britannique Subsea 7 et américaine OneSubsea) est chargée

[152] Voir communiqué de presse de Woodside de janvier 2020 : Approbation du projet de développement Sangomar au Sénégal, in https://www.euro-petrole.com/approbation-du-projet-de-developpement-sangomar-au-senegal-n-i-20019

de réaliser et d'installer l'infrastructure sous-marine reliant les puits au FPSO.[153]

Paragraphe IV. La phase de clôture

Les conditions de l'exploitation offshore au Sénégal liées à l'utilisation des tankers FPSO et FLNG vont faciliter les opérations de clôture qui ne vont pas nécessiter à la fin de l'exploitation, dans trente à quarante ans, le démantèlement de plateformes pétrolières. Il faudra faire la dépose des pipelines et de l'infrastructure sous-marine en s'assurant que le site de production n'est pas pollué et que les puits son parfaitement étanches, notamment les puits d'injection ayant permis d'accélérer l'exploitation des puits en fin de potentiel. La réhabilitation du site consistera dans la remise de l'environnement à l'état initial.

Passons maintenant à la partie exploitation financière et à la revue des mécanismes de partage de production entre l'opérateur offshore, l'État et la société nationale pétrolière, en l'occurrence, Petrosen.

Section II : Les contrats CRPP

Les premiers contrats de partage de production ont vu le jour en Indonésie[154] et sont aujourd'hui appliqués par un grand nombre de pays tels que l'Indonésie, la Malaisie, les Philippines, la Chine, le Yémen, l'Angola, la Guinée

---

[153] *Energie média*, janvier 2020, « Sénégal/Hydrocarbures : ce que prévoit la première phase du développement du champ de Sangomar », in https://energies-media.com/senegal-ce-que-prevoit-premiere-phase-sangomar/

[154] Voir dossier de Jesús Mora Contreras (2017), « Pétrole : le contrat de partage de production en Indonésie », in https://www.encyclopedie-energie.org/petrole-le-contrat-de-partage-de-production-en-indonesie/

équatoriale, le Nigeria, la Tanzanie, le Gabon, l'Azerbaïdjan, Trinité-et-Tobago, le Pérou, le Guatemala, Cuba, le Brésil, et à présent le Sénégal. D'après Jesús Mora Contreras citant Robert Fabrikant, la raison historique de la création du contrat de partage de production résiderait dans le fait que « les contrats de partage de production représentent un effort important pour compenser le fameux déséquilibre entre les pays producteurs de pétrole et les compagnies pétrolières étrangères ».

Jesús Mora Conteras rapporte également une proposition de la Banque mondiale aux pays producteurs de pétrole à propos de la mise en place de systèmes fiscaux souples (avec des taux d'imposition sur les bénéfices progressifs ou avec un partage de la production), stables (sans réformes ultérieures des taux d'imposition ni création de nouveaux impôts) et neutres (suppression des redevances, des primes et des limites au recouvrement des coûts pour partager les revenus avec les compagnies étrangères).

Inversement, il atténue son propos en rapportant une autre recommandation contraire de la Banque mondiale où il était plutôt question de mettre en place un système de redevance qui permettrait de générer « un flux minimum de revenus garantis ». À travers ses recommandations, on entre à pieds joints dans l'analyse des mécanismes des CRPP.

Paragraphe 1 : L'analyse du *Cost Oil* et du *Oil Profit* dans les CRPP

Le principe du partage de la production est affirmé à l'article 34 du Code pétrolier. Il allie le système de participation à la production, à l'exigence du paiement d'une redevance annuelle *ad valorem* fixée à l'article 42 « sur la valeur des hydrocarbures produits. La redevance est calculée à partir des quantités totales d'hydrocarbures produits dans la zone d'exploitation et non utilisés dans les opérations pétrolières » et son taux est fonction de la localisation de la zone d'exploitation allant de 10 % pour les forages terrestres à 6 % pour l'offshore ultra profond.

A. La déductibilité des coûts opératoires

Ledit Code pétrolier 2020 prévoit le principe des « coûts récupérables » en son article 34 alinéa 4 qui dispose ainsi : « Le contrat de partage de production définit également les coûts pétroliers récupérables, leurs modalités particulières d'amortissement ainsi que les conditions de leur récupération par prélèvement sur la production. »

Cette disposition légale structure toute l'économie des CRPP. En clair, cela signifie que l'opérateur offshore engage les frais d'exploration et surtout les frais de développement et à ce titre, bénéficie d'un droit préférentiel lui permettant de se rembourser directement par le prélèvement d'une partie de la production selon des modalités particulières. La loi prévoit en effet une limite de déductibilité qui ne peut dépasser un certain pourcentage de la redevance annuelle, qui est fixé comme suit selon la zone d'exploitation :

- 55 % pour les opérations pétrolières effectuées dans l'onshore ;
- 60 % pour les opérations pétrolières effectuées dans l'offshore peu profond ;
- 65 % pour les opérations pétrolières effectuées dans l'offshore profond ;
- 70 % pour les opérations pétrolières effectuées dans l'offshore ultra profond.

Ce système de déduction d'une partie des coûts d'investissement est dénommé le *cost oil*, ou le *cost recovery*.

B. Les mécanismes de partage des profits après déduction des coûts opératoires

Le partage de la production restante est appelé le *Profit Oil*, ou le *oil sharing*, après déduction des impôts.[155]

Ladite part restante de la production après déduction du *cost oil* va ainsi être partagée entre l'État dont la part ne peut être inférieure à 40 % et les opérateurs pétroliers suivant certaines modalités, notamment à partir du Facteur R, qui est le ratio entre les revenus cumulés et les investissements cumulés.

C'est le facteur R qui va faire évoluer la part de l'État comme suit :

Facteur R	Part de l'État	Part du contractant
Inférieur à 1	40 %	60 %
Supérieur ou égal à 1 et inférieur à 2	45 %	55 %
Supérieur ou égal à 2 et inférieur à 3	55 %	45 %
Supérieur ou égal à 3	60 %	40 %

Une fois déduit le pourcentage revenant à l'État, les parts des contractants (opérateurs privés et société nationale)

[155] Article 43 du Code pétrolier 2019 : « Le titulaire de contrat pétrolier ainsi que les entreprises qui lui sont associées dans le cadre de protocoles ou d'accords sont soumis à l'impôt sur les sociétés tel que prévu par le Code général des Impôts. »

seront versées à ces investisseurs, au prorata de leur participation dans le projet offshore.

Cela signifie que la société nationale pétrolière, en l'occurrence Petrosen, disposant d'un droit de participation gratuit de 10 % en phase d'exploration sans participer aux investissements de la phase de prospection, mais ayant après découverte des gisements GTA et Sangomar fait évoluer respectivement à titre onéreux sa participation à hauteur de 20 % et 18 %, et concourant en conséquence à hauteur de ces pourcentages aux appels de fonds d'investissements de développement des gisements, sera donc admise à la distribution des *profits oil* pour la tranche allouée aux opérateurs-investisseurs, dans la mesure de ses participations de 20 % et 18 %.

La part globale du secteur public dans la rémunération de ce projet sera ainsi constituée de la part de l'État, de celle de la société pour sa participation réelle, mais également, devra prendre en compte l'impôt sur les sociétés de 25 % que chaque participant privé est tenu de payer à l'État. En résumé, la part du secteur global est évaluée comme suit :

- part de l'État déterminée par le facteur R d'une échelle mobile ;
- part de la société pétrolière nationale à hauteur de sa participation ;
- impôt sur les sociétés payé par les participants contractuels.

Nous allons illustrer ce propos en reprenant un exemple donné par M. Mboup, DG de la SAR, ex-DG de Petrosen, lors de son intervention de 2017, précédemment citée, à une conférence de l'ITIE Sénégal. Le taux mentionné pour l'État n'est pas celui finalement décidé par le législateur mais le raisonnement global reste bon.

Exemple de CRPP entre l'État du Sénégal et le contractant (Petrosen, Timis Corp et Kosmos Energy) :

- part affectée au recouvrement des coûts (*Cost oil*) : 75 % ;
- production restante (*Profit oil*) : 25 % ;
- répartition de la production restante selon les dispositions contractuelles.

Production journalière (Barils ou gaz équivalent)	Etat	Contractant
Inférieur à 30000	35%	65%
30001 à 60000	40%	60%
600001 à 90000	50%	50%
90001 à120000	54%	46%
Supérieur à 120000	58%	42%

SIMULATION - PARTAGE MENSUEL 1ERE TRANCHE DE LA GRILLE DE REPARTITION : PRODUCTION <= 30.000 b/j			
PRODUCTION		1 000 000 000	
RECOUVREMENT COUTS (CAPEX + OPE)	75%	750 000 000	
PROFIT OIL	25%	250 000 000	
PART ETAT (35% PROFIT OIL)	35%	87 500 000	"A"
PART CONTRACTANT (65% PROFIT OIL)	65%	162 500 000	"B"
PART PETROSEN DANS "B"	20%	32 500 000	"C"
PART COMPAGNIE DANS "B"	80%	130 000 000	"D"
IS COMPAGNIE ("D" X 25%)		32 500 000	
PART GLOBALE ETAT + PETROSEN		152 500 000	61%

IS : Impôt sur les sociétés

Part État + Petrosen + impôt sur les sociétés de l'opérateur privé = 152 500 000 FCFA

Paragraphe II : La rationalisation des coûts opératoires

La question majeure dans le cadre du système de partage de production est celui du contrôle des coûts opératoires durant les phases d'exploration et de développement qui centralisent tous les investissements précédant la phase de production. L'on pourra toujours exciper de ce que le plan de développement avec l'ensemble des coûts prévisionnel est soumis pour approbation par le ministère du Pétrole et de l'Énergie. Ce faisant, il admettrait tacitement l'exactitude des amortissements et des montants récupérables sur la production selon les modalités définies ci-dessus.

A. Les retours d'expérience sur les types de coûts opératoires acceptables

La confiance n'exclut jamais le contrôle et les autorités publiques ont intérêt à contrôler *ab initio* le programme d'investissement durant la phase d'exploration, mais également durant la phase de développement quand bien même elles auraient accepté le plan de développement qui leur aurait été soumis.

Diverses expériences ont révélé quelques craintes des États à voir leur part de bénéfices diminuer significativement si les coûts engagés dans la phase de développement et d'exploitation desdits gisements sont disproportionnés au regard du potentiel estimé des réserves. Autrement dit, si l'opérateur offshore a surinvesti dans son programme de développement, il va se retrouver confronté à un problème de rentabilité globale du gisement si son potentiel est trop faible. Du reste, dans les périodes de déclin des gisements, on en arrive à avoir des frais d'exploitation supérieurs aux marges bénéficiaires.

Citons quelques expériences sur les questions de déductibilité des coûts opératoires apparemment non proportionnels aux bénéfices prévisionnels.

Nous citons le rapport de 2018 de l'ONG OXFAM[156] qui est une étude portant sur le Pérou, le Ghana et le Kenya.

---

[156] Le brut analysé dans le détail : audits publics des coûts des projets pétroliers et gaziers en vue d'optimiser la collecte de recettes, in *https://oxfamilibrary.openrepository.com/bitstream/handle/10546/620595/bp-examining-the-crude-details-131118-fr.pdf*

L'ONG considère que « le gonflement des dépenses des compagnies représente une grande menace pour les recettes publiques découlant du pétrole et du gaz », car plus les charges déclarées seraient importantes, plus faible sera la part restante de la production, appelée *profit oil*. Le risque semble être important dans le cadre du *transfert price*, ou prix de transfert, lorsqu'une société d'une filiale d'une multinationale est le fournisseur d'une autre filiale et qu'une consolidation des comptes des filiales intervient au niveau du groupe. Le risque est également présent lorsque la multinationale a le contrôle d'un fournisseur pour le compte de ses différentes filiales. Enfin, on peut avoir à contrôler la réalité de la facturation d'équipement lorsque le *procurement*, la division Achat du groupe, s'occupe de l'achat mondial des biens et services à refacturer aux filiales.

Ledit rapport d'OXFAM a mis en relief dans son introduction des cas de surfacturations certes limitées des compagnies pétrolières et gazières qui étaient intervenues au Congo et en Ouganda. Les opérateurs pétroliers avaient ainsi surestimé leurs coûts pour un montant de 127 millions de dollars en République du Congo, et 81 millions de dollars en Ouganda, ce qui avait provoqué de pertes de recettes de 63,5 millions de dollars au Congo et 24 millions de dollars en Ouganda.

Le rapport mentionne qu'en 2016, le directeur de la Cour des comptes de l'Ouganda a refusé 80,5 millions de dollars de coûts pétroliers pour l'ensemble des accords pétroliers (AP), pour la période courant de 2004 à 2011.

Ledit rapport mentionne également qu'en 2016, la Cour des comptes en Indonésie a découvert que les sociétés pétrolières avaient gonflé de 300 millions de dollars leurs coûts opératoires.

Ce rapport déplore qu'au Pérou, au Ghana et au Kenya, ces pays ne puissent utiliser leurs droits de contrôle des coûts de manière plus efficace. Il considère que dans les deux derniers pays n'est pas mise en œuvre l'option qui leur est offerte par les contrats pétroliers d'externaliser partiellement l'inspection des comptes en ayant recours, aux frais de la compagnie pétrolière, à des cabinets d'audit externes pour contrôler en première ligne les comptes et éviter que les contrôles publics ne se fassent trop tardivement.

B. La méthode de la certification préalable des coûts opératoires

Diverses possibilités de contrôle des coûts s'offrent aux États :

- mission d'assistance des grands cabinets internationaux avant l'adoption par l'administration des projets de développement offshore ;
- mise en œuvre par la Banque mondiale ou le soutien de grandes institutions de l'initiative *New Petroleum Producers Discussion Group* visant à soutenir un réseau de collaboration regroupant 30 pays producteurs de pétrole pour le lancement d'une plateforme de partage de données anonymes sur les coûts ;
- conseils de ces grands cabinets pour la mise en place d'un cadre de référence à propos de la structure des coûts : Wood Mackenzie, Boston Consulting Group, etc. ;
- développement de logiciels spécialisés reliés à des bases de données internationales en collaboration avec la Banque mondiale et le FMI ;
- exploitation du manuel de procédures d'audit développé par le FMI : *Administering Fiscal Regimes*

for Extractive Industries : a Handbook (« Administration des régimes fiscaux des industries extractives : le guide ») ;
- mise en œuvre des bonnes pratiques d'audit international des coûts pétroliers notamment l'application des normes internationales d'audit (ISA: *International Standards on Auditing*) ;
- assistance de la Banque africaine de développement dans le cadre de sa facilité africaine de soutien juridique aux États ;
- compilation et exploitation des différents rapports et benchmarks sur des structures de coût d'exploration en ayant recours aux mécanismes de la coopération internationale.

Nous terminons sur cette question de l'efficacité du contrôle des coûts en faisant la recommandation d'associer également la question du contrôle de la production offshore par des experts pétroliers assermentés, car il existe au Sénégal un Ordre national des experts sénégalais (ONES) avec différentes sections (maritime, commerciale, fiscale, industrielle) pouvant également certifier les productions. Il existe en effet une asymétrie de l'information opérationnelle. L'État se doit de pouvoir contrôler le quota de ses productions au titre du *Oil Sharing* ou du *Profit Oil*, ce qui pourrait lui permettre une activité de trading.

Section III : L'opportunité du développement des transactions pétrolières et gazières

Cette question est invoquée par l'article 28 de l'Accord de coopération sénégalais-mauritanien de 2018. Il est à noter, à ce titre, l'accord intervenu le 11 février 2020 entre les États et BP pour un achat direct de la production de GTA (*sale and purchase agreement* – SPA) sous réserve de l'approvisionnement du marché local sénégalais qui sera effectué par Petrosen d'autant qu'avec la réorganisation de sa structure, Petrosen dispose d'une entité de distribution et de service dans l'aval. Il peut aussi valoriser une partie reliquataire du quota de production de l'État qui définirait alors une clef de répartition entre une gestion spéculative de trading par Petrosen et une perception de revenu de rente auprès des opérateurs BP ou Woodside par l'achat partiel de sa production, ou lui donner un mandat de trading sur les marchés internationaux. La stratégie de développement du trading pétrolier par Petrosen peut ainsi être mise en œuvre par diverses techniques :

- l'enlèvement de sa quote-part directe lui revenant pour l'affecter entièrement ou partiellement à son entité de trading qui garderait le risque ;
- le développement d'accords régionaux d'approvisionnement avant de se lancer dans le trading mondial au regard de la faiblesse des volumes que cette société aura à gérer. La perspective à court et moyen terme est exaltante, mais il lui faut encore développer une expertise opérationnelle et acquérir de l'expérience.

Nous sommes quasiment arrivé à la fin de nos réflexions et nous faisons dans le dernier chapitre suivant une série de recommandations au regard des expériences observées à l'étranger et de bonnes pratiques dont l'adoption est recommandée.

Chapitre IV

Les retours d'expériences profitables au Sénégal

Dans ce dernier chapitre, nous passerons rapidement en revue quelques grandes recommandations tirées de l'observation des pratiques de l'industrie pétrolière offshore en Afrique, éclairées par :

- les recommandations issues des grandes concertations socio-professionnelles au Sénégal,
- les recommandations d'ONG internationales et de la Banque mondiale.

Nous terminerons nos propos en survolant également quelques aspects de sécurité juridique environnementale et les mécanismes d'assurance en rapport avec les activités pétrolières et gazières offshore.

Section I : Recommandations des forums sociaux

Les organisations de la société civile sénégalaise restent très mobilisées[157] sur la question de la gestion inclusive et

[157] Participation des organisations de la société civile aux rencontres de décembre 2019 organisées par le Cos-Petrogaz sur la semaine de la concertation socio-professionnelle au sujet de la préparation du décret sur le contenu local, ainsi qu'à la journée de concertation socio-professionnelle de 2018 présidée par le président de la République.

transparente des ressources pétrolières et gazières dont on attend une rente cumulée de 16 800 milliards de FCFA, soit 30 milliards d'USD en trente ans.

Cette attente du secteur associatif fait écho au souhait du Président Macky Sall exprimé en juin 2018 lors de la concertation nationale socio-professionnelle. Il indiquait que la gestion des revenus du pétrole et du gaz était une étape majeure dans le processus d'exploitation des hydrocarbures du Sénégal et que la concertation s'inscrivait dans son « ambition renouvelée de garantir une gestion prudente, sereine, inclusive et durable de nos ressources pétrolières et gazières et d'en maîtriser les énormes enjeux géostratégiques qui sont d'ordre sécuritaire, socio-économique et écologique ».

Le véritable challenge réside dans la réalisation de la perspective d'un partenariat stratégique entre les organisations de la société civile, l'industrie du pétrole et l'État. Il faut se réjouir du dynamisme des acteurs de la société civile et de la contribution[158] de qualité de certains d'entre eux dans la préparation des lois 2019 sur le Code pétrolier et le contenu local au sujet duquel le Président Macky Sall se fixe un objectif de 50 % d'activités locales, en 2030.

---

[158] Contribution du Forum civil au projet de réforme du Code pétrolier de 1998, in https://yerimpost.com/contribution-du-forum-civil-au-projet-de-reforme-du-code-petrolier/

Section II : Les enseignements des expériences étrangères en matière de gestion des revenus pétroliers et gaziers

Nous nous référons à l'important document élaboré par PAGE (Partnership for Action on Green Economy)[159] et remis à l'État du Sénégal (ministère de l'Environnement et du Développement durable) relatif aux « fonds et mécanismes de gestion des revenus pétroliers et gaziers à l'appui du développement durable : enseignements tirés des expériences de pays et leçons pour le Sénégal ». Ce document est une analyse de l'expérience dans le monde des fonds de gestion extrabudgétaires, des bonnes pratiques, mais aussi des aussi des mauvaises.

Il traite également de la question de l'anticipation du syndrome du « mal hollandais ». Nous avions, pour notre part, rappelé que l'injection massive de capitaux étrangers dans l'économie risquerait de se traduire par des revendications salariales accrues dans la fonction publique auxquelles l'État pourra difficilement s'opposer dans un contexte de rentrées financières importantes pour les finances publiques, malgré la prochaine adoption d'une loi sur la répartition des revenus issus du pétrole et du gaz.

En effet, à taux d'inflation constant, il y a un risque important d'augmentation générale des salaires, découlant d'un engrenage de révisions salariales enregistrées dans tous les secteurs. La conséquence inévitable sera une

---

[159] PAGE est un programme du Programme des Nations unies pour l'environnement (PNUE), de l'Organisation internationale du Travail (OIT), du Programme des Nations unies pour le Développement (PNUD), de l'Organisation des Nations unies pour le développement industriel (ONUDI) et de l'Institut des Nations unies pour la formation et la recherche (UNITAR), in https://www.ilo.org/wcmsp5/groups/public/---africa/---ro-abidjan/---sro-dakar/documents/publication/wcms_714287.pdf

augmentation du coût moyen du facteur travail au Sénégal et en corrélation, une augmentation des coûts de production dans les autres secteurs non liés à l'activité pétrolière, d'où une baisse de compétitivité à l'exportation des entreprises sénégalaises. La seule façon d'atténuer ce choc de compétitivité des entreprises sera d'obtenir une baisse importante des prix de l'électricité grâce à la politique *Gas to Power* de Senelec. Néanmoins, PAGE recommande diverses mesures de « stérilisation fiscale » pour éviter cet afflux massif de capitaux dans le cadre d'investissements financiers massifs à l'étranger, strictement contrôlés par des organismes locaux. Nous pensons naturellement au Trésor public, à la Cour des comptes, à l'IGE et à d'autres dispositifs de contrôle d'institutions indépendantes.

Citons l'existence de normes spécifiques d'audit des revenus publics confiés à des fonds publics pétroliers spéciaux (type FONSIS, BNDE, CDG) :

- « Lignes directrices de l'OCDE sur la gouvernance des entreprises publiques et le guide pour la mise en pratique de ces lignes directrices : transparence et responsabilité – Guide pour l'État actionnaire »[160] ;
- Manuel de la Banque mondiale pour la gouvernance des entreprises publiques[161] ;
- le document du FMI intitulé : « Comment améliorer la surveillance financière des sociétés publiques »[162] ;

Le rapport de PAGE fait référence à ce sujet à l'Arabie saoudite et à la Norvège en indiquant que ces deux pays ont

---

[160] Lignes directrices de l'OCDE sur la gouvernance d'entreprise des entreprises publiques, in https://www.oecd.org/fr/gouvernementdentreprise/ocde-lignes-directrices-gouvernement-entreprises-publiques.htm

[161] Référence du document de la Banque mondiale : « *Corporate Governance of StateOwned entreprises: A Toolkit* ».

[162] *How to Improve the Financial Oversight of Public Corporations*.

pu assurer « la stabilité de leurs taux de change ou maintenu l'inflation à un niveau inférieur à ce qu'il aurait été en investissant les revenus tirés des ressources naturelles dans des actifs étrangers au lieu de les dépenser au niveau national. »

Bref, il existe différentes techniques de lissage[163] des dépenses publiques telles que :

- *« la stérilisation des entrées de capitaux ;*
- *la mise en réserve des excédents budgétaires ;*
- *l'affectation des recettes à des investissements publics ;*
- *le verrouillage des revenus tirés de l'exploitation ;*
- *des ressources naturelles »*.

Il s'agit de veiller à la viabilité budgétaire par le lissage des dépenses publiques, à court, moyen et long terme comme c'est le cas en Norvège, au Chili, au Pérou, en Arabie saoudite. Cela consiste pour les autorités publiques à séparer les recettes publiques des dépenses publiques et en veillant sur une augmentation lente mais « constante des dépenses publiques annuelles malgré les importantes augmentations et diminutions interannuelles des revenus budgétaires ». En fait, il s'agit dès le premier jour de l'exploitation pétrolière de se projeter dans trente ans, avec la fin de la rente pétrolière et les nouvelles habitudes de consommation artificiellement acquises par les Sénégalais si l'option prise était de faire des surinvestissements non productifs, de favoriser une consommation massive des ménages du fait d'un pouvoir d'achat revalorisé fortement, le tout au détriment d'une politique budgétaire rigoureuse fondée sur une lente évolution du budget qui serait géré comme s'il n'existait pas de nouvelles rentrées fiscales et de revenus pétroliers. Bref, l'État devient un investisseur

---

[163] PAGE, *op. cit.*, p. 28.

stratégique raisonnant sur des séquences de 50 à 100 ans. L'exemple du Tchad est intéressant, car ce pays avait initialement pensé dans le cadre du contrat élaboré par la Banque mondiale à une gestion prudente des revenus pétroliers et une dotation d'un fonds spécial intergénérationnel, mais cette ambition fut confrontée au principe de réalité, et un certain nombre d'inflexions budgétaires ont été faites afin de permettre à l'État d'avoir accès à la totalité des revenus pétroliers lorsque la situation économique et politique l'exigeait, notamment en raison d'une volatilité des cours mondiaux pétroliers ou autres chocs exogènes tels que celui du Covid-19. En résumé, l'équation n'est pas facile à résoudre, vivre modestement lorsque l'on a une forte épargne nationale dans les fonds d'investissements publics n'est pas une chose aisée.

Passons à l'analyse des aspects de sûreté et de sécurité.

Section III : l'exigence de sécurité des activités offshore

Un certain nombre d'expériences dans l'activité offshore ont rapporté de dramatiques incendies des plateformes pétrolières dont l'un des plus retentissants fut celui de la plateforme pétrolière Piper Alpha[164] du 6 juillet 1988, en mer du Nord, qui causa la mort de 167 personnes. S'agissant des risques de pollution environnementale causés par des activités offshore, nous invoquons la très médiatique affaire de la pollution massive de la plateforme

[164] Voir dossier site BIVI, Serge Bellut (2014), « Dysfonctionnements qualité – Catastrophe de Piper Alpha : l'organisation du travail et la passation de consignes. Centres d'intérêt : Management/Maîtrise des risques/Qualité Démarches Maîtriser les risques », in https://bivi.afnor.org/notice-details/dysfonctionnements-qualite-catastrophe-de-piper-alpha-lorganisation-du-travail-et-la-passation-de-consignes/1295034

Deepwater Horizon[165] du 22 avril 2010 dans le golfe du Mexique et dont l'opérateur était précisément BP, exploitant du gisement GTA.

L'État se devrait de se préparer à toute éventualité en faisant travailler des organismes publics tels que l'HASSMAR sur tous ces précédents pour parfaitement être en mesure de gérer des pollutions massives, indépendamment des mécanismes d'indemnisation d'assurance.

Section IV : Les garanties dans les accords internationaux

L'activité offshore n'est pas couverte par les conventions internationales de responsabilité civile sur la pollution causée par des hydrocarbures ni par les mécanismes d'indemnisation mis en œuvre par le FIPOL, couvrant les pollutions liées au transport des tankers. Même si l'usage des FPSO et LNPG permettait l'application de ces conventions, il faut néanmoins étudier les limites d'indemnisation de ces conventions en cas de marée noire, pouvant complètement ruiner ces projets offshore. Signalons pour terminer que des accords privés organisent un système de garanties financières des accords contractuels.[166]

---

165 Dossier de l'organisme français CEDRE : Affaire Deepwater Horizon, in http://wwz.cedre.fr/Ressources/Accidentologie/Accidents/Deepwater-Horizon

166 Voir accord OPOL.

Conclusion

Que retenir au terme de cette étude sur l'univers économique et juridique pétrolier notamment ses accords internationaux sur les activités offshore ?

Tout d'abord, la complexité économico juridique de ce secteur se matérialise dans ces accords mixtes sophistiqués, ses joint-ventures, c'est-à-dire ses filiales ou accords de consortium, car ils mettent en présence des opérateurs privés internationaux à l'État du Sénégal ou plutôt aux États du Sénégal et de la Mauritanie (cas gisement GTA), agissant par l'entremise de leur société nationale pétrolière.

Ils font entrer diverses considérations, économiques, politiques, morales (justice sociale et équité, distribution inclusive des fruits de ce nouveau moteur de croissance). Cela fait donc intervenir différents interlocuteurs et acteurs tels que certains organismes publics, les opérateurs pétroliers offshore privés, les fonds d'investissements stratégiques locaux, les opérateurs du segment de l'aval pétrolier, le patronat local, les syndicats et les organisations de la société civile. Cela exige de trouver des compromis globaux, ce qui n'est pas une chose aisée.

Par ailleurs, les enjeux économiques sont importants à l'échelle d'un petit pays comme le Sénégal, car avec un flux de recettes pétrolières et gazières provisoirement estimées à 15 800 milliards de FCFA, ou 30 milliards de dollars sur trente ans, ce pays peut disposer de marges de manœuvre plus flexibles dans le pilotage stratégique de l'économie.

L'État du Sénégal se doit de surveiller le lissage des dépenses publiques par une utilisation très rationnelle desdits revenus qui ne seront disponibles que pour une période de trente ans.

Il s'agit en effet, pour l'État, d'avoir l'assurance d'une continuité de revenus de placement et de perception de dividendes après la fin de l'exploitation du pétrole, ceci pour lui permettre d'entretenir les importantes infrastructures créées pendant cette période et également afin de maintenir après le pétrole, le niveau de vie des populations et du rythme de développement économique du pays.

Cela signifie que l'État va devoir les faire fructifier en ayant une gestion macro-économique prudente, voire parcimonieuse, de ces nouvelles ressources, en procédant au besoin à la *« stérilisation de ces revenus pétroliers »* par des placements prudentiels. La question que nous nous posons est celle de savoir si l'État ne devrait pas avoir une double approche combinée :

- d'une part, emprunter des capitaux sur les marchés financiers ou dans le cadre d'accords à des taux concessionnels auprès de la communauté des partenaires techniques et financiers ;

- d'autre part, placer ses revenus pétroliers et gaziers auprès d'organismes financiers internationaux crédibles pouvant lui assurer le paiement d'intérêts annuels qui eux serviraient au remboursement des échéances d'emprunt.

Bref, ce qui est certain, est que l'activité pétrolière offshore va être un accélérateur de croissance dans le cadre de la phase 2 du Plan Sénégal Émergent en permettant à l'État de mobiliser plus facilement des ressources internes et en facilitant une transition énergétique.

Ces montants ne laissent également personne indifférent car la révision constitutionnelle de 2016 a consacré le principe de la propriété du peuple sur ses ressources naturelles et l'obligation impérative d'une bonne gouvernance, passant par une lutte contre la corruption et une utilisation transparente des ressources.

Les attentes sociales sont donc énormes, les professionnels du secteur privé attendent également beaucoup des retombées du *local content* projeté à 50 % des revenus généraux, soit près de 500 millions de dollars par an vers 2030. Sur ce point, il est important de clarifier la question des traitements préférentiels des entreprises sénégalaise au regard de certains traités bilatéraux d'investissement, écartant ces clauses de préférence, d'autant que le Sénégal a signé en 2019 l'accord de la zone de libre-échange continentale africaine (ZLECAF). Le contentieux lié à la mise en œuvre de la stratégie du contenu local est encore rare en raison du lancement récent des activités pétrolières de l'amont, mais il est important de s'y préparer, bien que certains auteurs aient plus d'assurance sur le sujet.[167] Cette question pourrait du reste être abordée au niveau de la CEDEAO où quasiment tous les États ont des législations sur le contenu local.

Cette rente ne va pas radicalement changer, sur le plan régional, les rapports géopolitiques du Sénégal avec ses voisins dans la sous-région, dotés également de ressources pétrolières. Cependant, cette nouvelle rente va renforcer son statut de quatrième économie de la CEDEAO, après le Nigéria, la Côte d'Ivoire et le Ghana. Elle lui donne

---

[167] Assane Seck (2020), « Contenu local et traités d'investissement au Sénégal. Cohabitation harmonieuse ou incompatibilité d'humeurs ? », in https://ceracle.com/wp-content/uploads/2020/03/Contenu-local-et-trait%C3%A9s-dinvestissement-au-S%C3%A9n%C3%A9gal-Assane-SECK-1.pdf

d'ailleurs l'occasion de prendre des initiatives pionnières à propos de la convention de Malabo de 2019, qui est l'annexe des activités pétrolières offshore de la convention d'Abidjan de 1981 sur la gestion de l'environnement maritime en Afrique de l'Ouest et sur le golfe de la côte de Guinée.

De nouvelles perspectives s'ouvrent au Sénégal et les autorités publiques ont une occasion historique unique de faire de ce pays, un hub pétrolier, financier, dynamique et de relancer la modernisation des infrastructures, voire la construction de nouvelles.

Elles ont également la responsabilité de maintenir, renforcer la cohésion et la solidarité sociales tout en garantissant aux investisseurs, un environnement des affaires propice à la réalisation de bonnes et durables transactions.

Le Sénégal semble en prendre le chemin et aura l'avantage de pouvoir tirer profit du bilan effectué de toutes les erreurs commises par les États africains depuis soixante ans dans la gouvernance des ressources pétrolières et gazières.

En réalité, le débat sur la gestion des flux financiers du pétrole est à présent tranché par la *loi n° 2022-09 du 19 avril 2022 relative « à la répartition et à l'encadrement de la gestion des recettes issues de l'exploitation des hydrocarbures »*, car elle prévoit les principes suivants :

- « *l'interdiction de toute cession anticipée des ressources d'hydrocarbures, et/ou toute sûreté anticipée sur ces ressources* » ;
- « *la budgétisation intégrale des recettes fiscales et non fiscales tirées de l'exploitation des hydrocarbures* » ;

- « *la création d'un fonds intergénérationnel et d'un fonds de stabilisation avec un maximum de 90 % destiné au budget annuel, un minimum de 10 % destiné au fonds intergénérationnel* » ainsi que la captation par ledit fonds de stabilisation de tout surplus entre les recettes prévisionnelles et les réalisations ;
- l'interdiction de l'utilisation des ressources pétrolières pour augmenter des salaires[168] et des avantages personnels et leur affectation à des dépenses d'investissement exclusives au bénéfice des populations.

Espérons que les fleurs seront à la hauteur de l'espoir des fruits !

[168] Article 14. - Objet des recettes affectées au budget général de l'État Les recettes d'hydrocarbures financent principalement des dépenses d'investissement prioritaires inscrites dans le programme d'investissement public. Elles peuvent financer des dépenses courantes, à l'exclusion des dépenses ci-après : les rémunérations, les indemnités de toute nature, les cotisations et contributions sociales, les prestations sociales et allocations diverses, toute autre dépense budgétaire assimilable, nonobstant les considérations inhérentes à sa nature économique, à une charge salariale ou à une autre charge récurrente.

BIBLIOGRAPHIE

I. OUVRAGES :

1. **AUTY Richard** : *Resource-Based Industrialization : Sowing the Oil in Eight Developing Countries*, Oxford [England], Clarendon Press, New York, Oxford University Press, 1990, 294 pages
2. **AYUK Nj et MARQUES Joao Gaspar** : *Big Barrels: pétrole et gaz africains, la quête de la prospérité*, 9 août 2018, Clink Street Publishing, 176 pages
3. **BEZÈS Philippe**, *Réinventer l'État. Les réformes de l'administration française (1962-2008)*, Paris, PUF, coll. « Le lien social », 2009
4. **BORLOO Jean-Louis, FAVENNEC Jean-Pierre, HUGON Philippe, IGUE Khaled, LAMBERT Philippe, POUZERATTE François**, *L'énergie en Afrique à l'horizon 2050*, 189 pages, in http://club-2030.com/telechargement/Livre-energie-Afrique-horizon-2050.pdf
5. **Fonds monétaire international**, 2012, « Régimes fiscaux des industries extractives : conception et application », 91 pages, in file:///C:/Users/HP.000/Downloads/081512f%20(2).pdf
6. **Centre d'études stratégiques de l'Afrique** : rapport 2015, 151 pages, **MAILEY J. R.**, « Anatomie de la malédiction des ressources naturelles : l'investissement prédateur dans les industries extractives en Afrique », 160 pages, National Defense University (USA), in

https://africacenter.org/wp-content/uploads/2016/09/ASR03FR-Anatomie-malediction-ressources-naturelles-investissement-predateur-industries-extractives-afrique.pdf

7. **Coalition « Publiez ce que vous payez : PCQVP »,** *Open oil, Cordaid*, ouvrage collectif Booksprint, 2013 : « Les contrats pétroliers à la portée de tous », 260 pages, in file:///C:/Users/HP.000/Downloads/Contrats-P%C3%A9troliers-%C3%A0-la-port%C3%A9e-de-tous%20(2).pdf
8. **ETU OBAMI, Brice-Voltaire** : *Comptabilisation et audit des coûts pétroliers dans une société non-opératrice. Cas d'un contrat de partage de production – CPP*, 2015, L'Harmattan, 98 pages
9. **Groupe Banque mondiale** : Association internationale de développement, Société financière internationale et l'Agence multilatérale de garantie des investissements : « Cadre de partenariat pays pour la République du Sénégal pour la période 2020-2024 », 134 pages, in http://documents1.worldbank.org/curated/en/520971584355281372/text/Senegal-Country-Partnership-Framework-for-the-Period-FY20-FY24.txt
10. **NDAO Fary,** *L'or noir du Sénégal : comprendre l'industrie pétrolière et ses enjeux au Sénégal*, (français) Fayard, 9 mars 2018, 255 pages
11. **PARIS Henri** : *Le pétrole tue l'Afrique*, coll. « Perspectives », 2007,450 pages
12. **Revenue Watch Institute, GOLDWYN David L.,** *Dans les profondeurs des industries extractives : guide de participation de la société civile sur les revenus des industries extractives et l'ITIE – Drilling Down*, 149 pages, in https://www.yumpu.com/fr/document/view/1842962

6/dans-les-profondeurs-des-industries-extractives-eiti

13. **SOW Birame**, *L'Aval pétrolier au Sénégal*, Éditions Universitaires Européennes, 144 pages, 2019, in http://www.editions-ue.com
14. **TOURÉ Mamadou,** 2018, Institut des relations internationales et stratégiques de Paris (IRIS Paris), *La standardisation des instruments de régulation de l'activité extractive, cas du Sénégal.*

II. ARTICLES

1- **ADES, Alberto F. et DI TELLA Rafael (1999):** "Rents, Competition and Corruption", in *American Economic Review*, n° 89, pp. 982-993
2- **Africa Energy Outlool 2019**, « Aperçu par pays, Sénégal », in https://www.iea.org/reports/africa-energy-outlook-2019
3- **Africa Energy Serie 2019**: "Senegal. A complete report on investing in the energy sector of the republic of Senegal"
4- **Africa Oil & Power**, 2019 : « L'ambition du Sénégal dans le "gas-to-power" », in https://www.africaoilandpower.com/2019/08/02/lambition-du-senegal-dans-le-gas-to-power/
5- **Africa Oil & Power 2019** : « Le Sénégal et son président à l'honneur », in https://www.lemondedelenergie.com/tag/gaz/
6- **Afrique Décryptage :** synthèse de la note de Augé Benjamin (réalisée par Yaovi Kouassi Luc), « L'exploration et la production pétrolières en Afrique depuis 2014. EÉvolution des acteurs et de leurs stratégies », in https://afriquedecryptages.wordpress.com/2018/06/21/lexploration-et-la-production-petroliere-en-

afrique-depuis-2014-evolution-des-acteurs-et-de-leurs-strategies/
7- **ALEX Bastien, TCHING-MING Stéphane** : « Le syndrome hollandais à l'épreuve des prix bas du pétrole : de la faillite économique aux recompositions (géo)politiques », sur Cairn.info le 12/12/2016, https://doi.org/10.3917/ris.104.0069
8- **AMAR A., BERTHIER L.,** 2007, « Le nouveau management public : avantages et limites », *Gestion et Management Publics*, vol. 5, décembre 2007, in http://www.airmap.fr/wp-content/uploads/2018/06/GMP2007_5.4._AmarBerthier.pdf
9- ***Atlas de l'intégration régionale en Afrique de l'Ouest***, série économie : « Le pétrole et le gaz », in https://www.oecd.org/fr/csao/publications/38798641.pdf
10- **ARZELIE Marie-Pierre, 2016,** « Les modèles de syndrome hollandais. Analyse et perspectives de recherche », in Presses de l'Ifpo, Publications de l'Institut français du Proche-Orient. https://books.openedition.org/ifpo/9552?lang=fr
11- **BA Ahmadou Saïd**, travaux de recherches - Laboratoire Paris Dauphine, « Analyse de la politique d'efficacité énergétique du Sénégal Barrières et perspectives », in https://hal.archives-ouvertes.fr/hal-01956216/document
12- **BADDOUR Julien**, « L'industrie pétrolière mondiale : raréfaction, coûts de production et surplus pétrolier », in *Revue d'économie industrielle*, vol. 86, 4e trimestre 1998, pp. 7-24. https://doi.org/10.3406/rei.1998.1729 ; https://www.persee.fr/doc/rei_0154-3229_1998_num_86_1_1729

13- **BALDÉ Mouhamadou Bassirou,** 2019, « Sénégal : la réorganisation fiscale de l'amont pétrolier », in https://www.linkedin.com/pulse/s%C3%A9n%C3%A9gal-la-r%C3%A9organisation-fiscale-de-lamont-p%C3%A9trolier-bald%C3%A9/?originalSubdomain=fr
14- **BELAID Fateh and DE WOLF Daniel**, 2009 : « Évaluation de projets d'investissement pétrolier en utilisant la simulation de Monte Carlo », in https://orbi.uliege.be/bitstream/2268/11558/1/Simul.pdf
15- **Cairn Energy**, **WARNER** Miles, dossier novembre 2017 : « Créer un bassin pétrolier émergent sur la frontière Cairn au Sénégal », in https://www.cairnenergy.com/media/2147/af_fr_cairn-in-senegal-dakar-final-27nov17-1.pdf
16- **CARBONNIER Gilles :** « La malédiction des ressources naturelles et ses antidotes », in https://cairninfo/revue-internationale-et- stratégique - 2023-3- page-38.htm
17- **CLASSENS** Bruno : « Mais où est passé le pic pétrolier ? », in https://www.revolution-energetique.com/mais-ou-est-passe-le-pic-petrolier/
18- **COLLIAT J.-L.** : dossier « Caissons à succion pour l'ancrage de structures pétrolières en mer profonde », in http://www.geotech-fr.org/sites/default/files/rfg/article/88-2.pdf
19- **COLLEN Vincent**, 2020 : « Pourquoi les compagnies pétrolières rechignent toujours à investir », in *Les Echos*. https://www.lesechos.fr/industrie-services/energie-environnement/pourquoi-les-compagnies-petrolieres-rechignent-toujours-a-investir-1169026

20- **COLLIER Paul, HOEFFLER** Anke, 2005 : « Démocraties pétrolières », in https://www.cairn.info/revue-afrique-contemporaine-2005-4-page-107.htm
21- **COLLIER Paul & HOEFFLER Anke** (2004) : « Greed and grievance in civil war » in https://www.econ.nyu.edu/user/debraj/Courses/Readings/CollierHoeffler.pdf
22- **CNUCED, Commission économique pour l'Afrique**, 2018 : « Rapport sur la gouvernance en Afrique V – La gouvernance des ressources naturelles et la mobilisation des recettes publiques pour la transformation structurelle », in https://www.uneca.org/fr/publications/rapport-sur-la-gouvernance-en-afrique-v-la-gouvernance-des-ressources-naturelles-et-la
23- **COCHONAT Pierre**, 2016 : « L'offshore pétrolier questionne les chercheurs en Sciences de la Terre », in https://wwz.ifremer.fr/gm_eng/Understanding/Our-questions/Margins/L-offshore-petrolier
24- **Connaissance des Énergies,** website, 2020, « Pétrole et gaz offshore : exploitation des gisements d'hydrocarbures », in https://www.connaissancedesenergies.org/fiche-pedagogique/petrole-et-gaz-offshore
25- **CORDEN, W. M., NEARY J. P.** (1982) : "Booming sector and deindustrialization in a small open economy", *Economic Journal*, vol. 92, december
26- **D'ALESSANDRO Cristina**, 2017 : « Géographies accélérées du pétrole et du gaz en Afrique orientale », in http://geoconfluences.ens-lyon.fr/informations-scientifiques/dossiers-regionaux/afrique-dynamiques-regionales/articles-

scientifiques/geographies-accelerees-petrole-gaz-afrique-orientale

27- **DAMON Julien**, 2006 : « La pensée de- Max Weber (1864-1920) », in https://www.cairn.info/revue-informations-sociales-2006-5-page-97.htm

28- **DE SOUZA Olivier :** « Les futurs grands eldorados africains du gaz (première partie) : cas du Sénégal », in ***ECOFIN Hebdo***, 23 octobre 2019. https://www.agenceecofin.com/hebdop3/2310-70380-les-futurs-grands-eldorados-africains-du-gaz-premiere-partie-cas-du-senegal

29- **DE SOUZA** Olivier, « L'État sénégalais approuve le plan de développement du projet pétrolier de Sangomar », in ***ECOFIN Hebdo***, 9 janvier 2020. https://www.agenceecofin.com/hydrocarbures/0901-72613-l-État-senegalais-approuve-le-plan-de-developpement-du-projet-petrolier-de-sangomar

30- **Délégation française sénatoriale à l'Outre-Mer**, note 2023 : « Législation comparée, note sur l'exploration et l'exploitation pétrolière en mer : Australie – Brésil – Norvège – Royaume-Uni) », in https://www.senat.fr/lc/lc230/lc230.pdf

31- **DIA Oumar** : « Recherche et possibilités pétrolières du Sénégal », in revue *Ethiopiques*, numéro 13, revue socialiste de culture négro-africaine, 1978. http://ethiopiques.refer.sn/spip.php?page=imprimer-article&id_article=452

32- **DIA Djiby, FALL Cheikh Sadibou, NDOUR Aminata, JIMBIRA SAKHO Maam Suwadu,** dossier 2009 : « Le Sénégal face à la crise énergétique mondiale : enjeux de l'émergence de la filière des biocarburants », in https://www.bameinfopol.info/IMG/pdf/Etude_Bame_crise_energetique_Biocarburants.pdf

33- **DIA Maimouna**, « Pétrole et gaz offshore sénégalais : failles et innovations d'un plan inédit de gestion environnementale », in *Jeune Afrique*, 2018, in https://afrique.latribune.fr/afrique-de-l-ouest/senegal/2018-10-24/petrole-et-gaz-offshore-senegalais-failles-et-innovations-d-un-plan-inedit-de-gestion-environnemental-794985.html

34- **DIAITÉ Ibou**, 1995 : « Le règlement du contentieux entre la Guinée-Bissau et le Sénégal relatif à la délimitation de leur frontière maritime », in *Persée*. https://www.persee.fr/doc/afdi_0066-3085_1995_num_41_1_3351

35- **DIALLO Amadou Oury**, « Pétrole et gaz offshore : le Sénégal prêt à tripler ses parts dans Sangomar », in ***Jeune Afrique***, 2020, in https://www.jeuneafrique.com/1006522/economie/senegal-petrosen-a-la-rescousse-du-projet-de-sangomar/

36- **DIOUF Awa**, 2019 : « La fiscalité sur l'or noir au Sénégal », in https://media.africaportal.org/documents/la_fiscalite_sur_l_or_noir_au_senegal.pdf

37- **Énergie Media**, 25 janvier 2020 : « Sénégal/Hydrocarbures : ce que prévoit la première phase du développement du champ de Sangomar », in https://energies-media.com/senegal-ce-que-prevoit-premiere-phase-sangomar/

38- **EXAMA Vanessa** : « Le gaz naturel sénégalais : parfum d'une économie florissante ? », in https://perspective.usherbrooke.ca/bilan/servlet/BMAnalyse?codeAnalyse=2726

39- **FAVENNEC Jean-Pierre et COPINSCHI Philippe**, 2003 : « Les nouveaux enjeux pétroliers en

Afrique », in https://www.cairn.info/revue-politique-africaine-2003-1-page-127.htm
40- **Fondation canadienne pour l'audit et la responsabilisation** : « Guide pratique sur l'audit des revenus pétroliers et gaziers, revenus générés aux différentes phases d'un projet pétrolier ou gazier », in https://www.caaf-fcar.ca/fr/revenus-petroliers-gaziers-concepts-et-contexte/cycle-de-vie-d-un-projet-petrolier-et-gazier/revenus-generes-aux-differentes-phases-d-un-projet-petrolier-et-gazier
41- **GAYE Demba**, 2020 : « Signature d'un contrat d'achat et de vente de gaz naturel liquéfié de la première phase d'exploitation du champ Grande Tortue Ahmeyim entre le Sénégal et la Mauritanie : l'efficacité et l'efficience et l'éthique du président Sall », in *Le Quotidien* (Sénégal). https://www.lequotidien.sn/signature-dun-contrat-dachat-et-de-vente-de-gaz-naturel-liquefie-de-la-premiere-phase-dexploitation-du-champ-grande-tortue-aymeyin-entre-le-senegal-et-la-mauritanie/
42- **Goree Institute** : Centre pour la démocratie, le développement et la culture en Afrique, 2019 : « Les défis de la gouvernance du secteur extractif au Sénégal », in http://www.goreeinstitut.org/index.php/ressources/nos-publications/newsletter-goree-update/39-goree-update-speciale-ressources-naturelles/file
43- **Greepeace Africa**, 2018 : « Exploitation pétrolière et gazière au Sénégal : de nouvelles menaces sur les écosystèmes marins et côtiers », in https://www.greenpeace.org/africa/fr/les-blogs/2251/exploitation-petroliere-et-gaziere-au-senegal-de-nouvelles-menaces-sur-les-ecosystemes-marins-et-cotiers/

44- **Groupe consultatif 2018 :** dossier 2019, « Fiche thématique, Pétrole et Gaz », in http://www.finances.gouv.sn/wp-content/uploads/2019/02/FICHE-THEMATIQUE-PETROLE-GAZ.pdf
45- **HOUSSIN Didier** : « Vers la fin du pétrole ? », in *Cairn* file:///C:/Users/HP.000/Downloads/ETU_035_0463.pdf
46- **IFP School**, note 2015 : « Quelles sont les grandes étapes d'un projet de développement d'un champ pétrolier ? » : in
http://www.fondation-uck.org/upload/docs/application/pdf/2015-02/3_grandes_etapes_projet_developpement.pdf
47- **IFP School,** 2020 : « Contrats de partage de production et accords d'association », in https://www.ifptraining.fr/formation/contrats-de-partage-de-production-accords-d-association.html
48- **IFRI**, note de **AUGÉ Benjamin**, 2018 : « L'exploration et l'exploitation pétrolières en Afrique depuis 2014 », in
https://www.ifri.org/sites/default/files/atoms/files/auge_exploration_production_petroliere_afrique_2018_v3.pdf
49- **IFRI**, note de **AUGÉ Benjamin**, 2017 : « Les stratégies des compagnies nationales africaines », in https://www.ifri.org/sites/default/files/atoms/files/auge_strategies_cpn_africaines_2017.pdf
50- **IFRI,** note de **AUGÉ Benjamin**, éditoriaux de l'IRFI, 27 novembre 2017 : « L'Afrique en question. « Le gisement transfrontalier : le symbole d'une relation compliquée entre la Mauritanie et le Sénégal », in

https://www.ifri.org/sites/default/files/atoms/files/auge_gisement_transfontalier_tortue_2017.pdf

51- **INERIS**, rapport d'étude 2015 : « Contexte et aspects fondamentaux du forage et de l'exploitation des puits d'hydrocarbures », in https://www.actu-environnement.com/media/pdf/news-24691-ineris-rapport-forage-aspects-generaux.pdf

52- **ITIE (Initiative pour la transparence dans les industries extractives)**, dossier 2015, **SODMA Adrien** et **BODIAN Idrissa** : « Cadre opérationnel d'un projet pétrolier », in https://fr.scribd.com/document/472214778/3-Cadre-operationnel-d-un-projet-petrolier-pdf

53- **ITIE, MBOUP Serigne**, 2017 : « Conférence publique sur l'exploration-production pétrolière et gazière », in https://itie.sn/conferences-de-l-itie/

54- **KANE FALL Mamadou,** interview du 20 /06/2020 du Cos-pétrogaz à propos de l'équation de la COVID 19 sur l'exploitation des projets pétroliers et gaziers du Sénégal in https://www.seneweb.com/news/Economie/mamadou-fall-kane-cos-petrogaz-quot-rien_n_319546.html

55- **KANE FALL Mamadou :** « Pétrole et gaz au Sénégal, 10 questions réponses » in https://ornoirafrica.com/wp-content/uploads/2019/03/Pe%CC%81trole-et-Gaz-au-Se%CC%81ne%CC%81gal-10-questions-pour-comprendre-ornoirafrica.com-.pdf

56- **KRAUS S. Richard** : « Le raffinage du pétrole », in Sommaire : Fiches de données sur la sécurité du travail en espace confiné (Nouvelle-Zélande), 1997, Encyclopédie Bureau International du Travail, in http://www.ilocis.org/fr/documents/ilo078.htm

57- **LAMOTTE Olivier, PORCHER Thomas**, dossier 2011 « Stratégie des compagnies pétrolières internationales et partage de la rente : le cas du Congo » in https://www.cairn.info/revue-management-et-avenir-2011-2-page-310.htm

58- **LE BEC Christophe :** « Pétrole : les pays africains qui attirent de plus en plus d'investisseurs… et ceux qui en perdent », ***Jeune Afrique***, 2016, in https://www.jeuneafrique.com/371529/economie/petrole-pays-africains-attirent-de-plus-plus-dinvestisseurs-perdent/

59- **LE BRAS Emmanuel :** « Pétrole et Gaz : le nouvel eldorado MSGBC », PwC, 2018, in https://afrique.pwc.com/fr/actualites/decryptages/petrole-et-gaz-le-nouvel-eldorado-MSGBC.html

60- **LO Ndeye**, 2020 : « Évaluation du régime fiscal pétrolier du Sénégal », in https://emedia.sn/evaluation-du-regime-fiscal-petrolier-du-senegal.html

61- **MANGRIN Géraud, POURTIER Roland,** 2005 : « L'exploitation pétrolière en Afrique entre réseaux et territoires », in https://agritrop.cirad.fr/532526/1/document_532526.pdf

62- **MAILEY J. R. :** « Anatomie de la malédiction des ressources naturelles : l'investissement prédateur dans les industries extractives en Afrique », **Centre d'études stratégiques de l'Afrique,** rapport 2015, in https://africacenter.org/wp-content/uploads/2016/09/ASR03FR-Anatomie-malediction-ressources-naturelles-investissement-predateur-industries-extractives-afrique.pdf

63- **MEIERDING Emily**, « La sécurité énergétique et l'Afrique subsaharienne », dossier 2011 de la *Revue internationale de développement*, pp. 55-73, in https://doi.org/10.4000/poldev.692

64- **MEKIDECHE Mustapha**, 2009 : dossier « Le secteur des hydrocarbures en Algérie. Piège structurel ou opportunité encore ouverte pour une croissance durable ? », in https://www.cairn.info/revue-confluences-mediterranee-2009-4-page-153.htm

65- **MAFFEI Benoît, GREGGIO Rodolphe**, 2015 : « Le "grand retour" des majors du pétrole à la faveur du troisième choc pétrolier », in *Cairn info*, https://www.cairn.info/revue-gerer-et-comprendre-2015-2-page-16.htm

66- **MANOHARAN Ravinder,** 2014 : « Le FLNG : la production et la liquéfaction du gaz naturel en eaux profondes », Centrale-Énergies (réseau d'anciens élèves des cinq écoles centrales de Paris), in https://www.centrale-energie.fr/spip/spip.php?auteur37

67- **MORA CONTRERAS Jesús**, 2017 : « Pétrole : le contrat de partage de production en Indonésie », in https://www.encyclopedie-energie.org/petrole-le-contrat-de-partage-de-production-en-indonesie/

68- **MUNIER Frédéric**, 2016 : dossier « Géopolitique du pétrole : l'Afrique terrain de bataille », in *Diploweb.com* : la revue géopolitique, 11 septembre 2016.

69- **NDAO Fary** : « Le Sénégal pourrait entrer dans le top 10 africain des producteurs de gaz », in ***Le Monde***, 2018, in https://www.lemonde.fr/afrique/article/2018/09/04/le-senegal-pourrait-entrer-dans-le-top-10-des-producteurs-de-gaz_5350044_3212.html

70- **NDAO Fary** : dossier 2020, « La gouvernance des ressources pétrolières et gazières : état du débat et perspectives », in https://www.ipar.sn/IMG/pdf/note_de_cadrage_sur_petrole_et_gaz_senrtt_final.pdf

71- **NDIONE Mamadou**, 2017 : « Pétrole et gaz au Sénégal : six questions-réponses simples pour comprendre », in https://www.lequotidien.sn/petrole-et-gaz-au-senegal-six-questions-reponses-simples-pour-comprendre/

72- **OMC – Organisation Mondiale du Commerce**, dossier 2017, Sénégal, in https://www.wto.org/french/tratop_f/tpr_f/s362-07_f.pdf

73- **OXFAM** dossier 2018, étude de cas Ghana, Kenya, Pérou : « Le brut analysé dans le détail : audits publics des coûts des projets pétroliers et gaziers en vue d'optimiser les finances publiques », in https://oxfamilibrary.openrepository.com/bitstream/handle/10546/620595/bp-examining-the-crude-details-131118-fr.pdf

74- **PAGE – Partnership for Action on Green Economy** : dossier 2018, « Fonds et mécanismes de gestion des revenus pétroliers et gaziers à l'appui du développement durable : enseignements tirés des expériences de pays et leçons pour le Sénégal », in https://www.ilo.org/africa/countries-covered/senegal/facet/WCMS_714287/lang--fr/index.htm

75- **Plan Sénégal Émergent,** in https://www.ipar.sn/IMG/pdf/plan_senegal__emergent.pdf

76- **PwC**, 2019 dossier : « Les hydrocarbures en Afrique : une industrie qui anticipe son avenir », mars 2019, in https://www.pwc.fr/fr/publications/afrique/africa-oil-and-gas-review.html

77- **ROSSELLINI Christine** : « La répartition de la rente pétrolière en Afrique centrale : enjeux et perspectives », dossier 2005, portail *Cairn*, in file:///C:/Users/HP.000/Downloads/AFCO_216_0125.pdf

78- **TABATABAEI Seyed Hossein :** « Les avantages et les inconvénients des contrats buy-back par rapport aux contrats de partage de production », in https://www.persee.fr/docAsPDF/rqdi_0828-9999_2017_num_30_1_2280.pdf

79- **SECK Assane**, 2020 : « Contenu local et traités d'investissement au Sénégal. Cohabitation harmonieuse ou incompatibilité d'humeurs ? », in https://ceracle.com/wp-content/uploads/2020/03/Contenu-local-et-trait%C3%A9s-dinvestissement-au-S%C3%A9n%C3%A9gal-Assane-SECK-1.pdf

80- **SELLAMI Slim,** 2017 : « Évaluation du système de contrôle interne : une phase essentielle dans une mission d'audit d'une société pétrolière », in http://wuww.oect.org.tn/BibliOect/wp-content/uploads/2019/01/M1023.pdf

81- **SENELEC,** Plan stratégique 2016-2020 : « Plan YEESAL », in http://www.senelec.sn/wp-content/uploads/2018/03/Plan-YEESAL-Senelec-2020.pdf

82- **SENELEC** Rapport annuel 2018, in http://www.senelec.sn/wp-content/uploads/2020/04/Rapport-Annuel-Senelec-2018.pdf

83- ***Senenews***, juillet 2020 : « Rebondissement : chamboulement autour du pétrole sénégalais entre Woodside, Cairn et Lukoil », in https://www.senenews.com/actualites/rebondissement-chamboulement-autour-du-petrole-senegalais-entre-woodside-cairn-et-lukoil_321349.html

84- **SID AHMED Abdelkader**, 1987: « Du "Dutch disease" à l'"OPEP disease". Quelques considérations théoriques autour de l'industrialisation des pays », in https://www.persee.fr/doc/tiers_0040-7356_1987_num_28_112_4541

85- **SIMONET Loïc**, dossier 2007 dans annales Études internationales : « Retour sur la rupture entre le Tchad et la Banque mondiale. Ne nous trompons pas de responsable », in https://www.erudit.org/fr/revues/ei/2006-v37-n4-ei1621/014631ar/

86- **STANZIANI Alessandro :** « Comment mesurer l'efficacité des institutions ? », in https://doi.org/10.4000/histoiremesure.5135

87- **TRAFIGURA**, 2020 : « The Economics of commodity trading firms », PIRRONG Craig, Professor of Finance Bauer College of Business University of Houston, in file:///C:/Users/HP.000/Downloads/The-Economics-of-Commodity-Trading-Firms-TD0062.2e.pdf

88- **TOURÉ Mamadou Pape**, 2018 :« Quand la BBC prend des libertés avec les institutions politiques sénégalaises, une tempête dans un verre d'eau », in http://lesoleil.sn/amp/dossier-petrole-de-maitre-pape-mamadou-toure-expert-maritime-petrolier-membre-de-lones-ordre-national-des-experts-du-senegal-analyste-en-strategie-internationale-arbitre-agree-au-centre/

89- **WHATI,** Think Tank, article 2018 **:** **«** Cartographie du pétrole en Afrique de l'Ouest », in https://www.wathi.org/debat_id/diversification-economie/wathinote-diversification-economie/cartographie-du-petrole-en-afrique-de-louest/

90- **Woodside Senegal**, dossier 2020 : fiche technique campagne sismique du projet de développement du champ Sangomar, in https://www.woodside.com.au/fr/our-business/s%C3%A9n%C3%A9gal

91- **YAICHE Nacer**, 2004 : « Les coûts de recherche et de développement des hydrocarbures : prise en compte, amortissement et évaluation », in https://www.memoireonline.com/07/15/9216/Les-coûts-de-recherche-et-de-developpement-des-hydrocarbures-prise-en-compte-amortissement-et-eval.html

II. Lois et décrets

1. Loi n° 2020-06 du 7 février 2020 portant Code gazier du Sénégal ;
2. Loi n° 2019-04 du 24 janvier 2019 portant Code pétrolier du Sénégal ;
3. Loi n° 2019-03 du 1er février 2019 relative au contenu local dans le secteur des hydrocarbures du Sénégal ;
4. Loi n° 2002-22 du 16 août 2002 portant Code de la marine marchande du Sénégal ;
5. Loi n° 2001-01 du 15 janvier 2001 portant Code de l'environnement du Sénégal ;
6. Loi n° 98-31 du 14 avril 1998 relative aux activités d'importation, de raffinage, de stockage et de distribution des hydrocarbures ;
7. Loi n° 98-05 du 08 janvier 1998 portant code pétrolier,
8. Décret n° 2006-953 du 26 septembre 2006 portant création et fixant les règles d'organisation du fonctionnement du Fonds de sécurisation des importations de produits pétroliers (FSIPP) ;
9. Décret du 26 mai 2011 relatif aux produits pétroliers admis dans les dépôts existants du Sénégal ;

10. Loi n° 98-05 du 8 janvier 1998 portant Code pétrolier ;
11. Décret d'application n° 98-810 du 6 octobre 1998 fixant les modalités et conditions d'application de la loi n° 98-05 du 8 janvier 1998 portant Code pétrolier, accompagné du modèle de Convention d'établissement, du modèle de contrat de recherche et de partage de production, du modèle d'accord d'association.

Table de matières

Structures éditoriales du groupe L'Harmattan

L'Harmattan Italie
Via degli Artisti, 15
10124 Torino
harmattan.italia@gmail.com

L'Harmattan Hongrie
Kossuth l. u. 14-16.
1053 Budapest
harmattan@harmattan.hu

L'Harmattan Sénégal
10 VDN en face Mermoz
BP 45034 Dakar-Fann
senharmattan@gmail.com

L'Harmattan Cameroun
TSINGA/FECAFOOT
BP 11486 Yaoundé
inkoukam@gmail.com

L'Harmattan Burkina Faso
Achille Somé – tengnule@hotmail.fr

L'Harmattan Guinée
Almamya, rue KA 028 OKB Agency
BP 3470 Conakry
harmattanguinee@yahoo.fr

L'Harmattan RDC
185, avenue Nyangwe
Commune de Lingwala – Kinshasa
matangilamusadila@yahoo.fr

L'Harmattan Congo
219, avenue Nelson Mandela
BP 2874 Brazzaville
harmattan.congo@yahoo.fr

L'Harmattan Mali
ACI 2000 - Immeuble Mgr Jean Marie Cisse
Bureau 10
BP 145 Bamako-Mali
mali@harmattan.fr

L'Harmattan Togo
Djidjole – Lomé
Maison Amela
face EPP BATOME
ddamela@aol.com

L'Harmattan Côte d'Ivoire
Résidence Karl – Cité des Arts
Abidjan-Cocody
03 BP 1588 Abidjan
espace_harmattan.ci@hotmail.fr

Nos librairies en France

Librairie internationale
16, rue des Écoles
75005 Paris
librairie.internationale@harmattan.fr
01 40 46 79 11
www.librairieharmattan.com

Librairie des savoirs
21, rue des Écoles
75005 Paris
librairie.sh@harmattan.fr
01 46 34 13 71
www.librairieharmattansh.com

Librairie Le Lucernaire
53, rue Notre-Dame-des-Champs
75006 Paris
librairie@lucernaire.fr
01 42 22 67 13

www.ingramcontent.com/pod-product-compliance
Lightning Source LLC
LaVergne TN
LVHW011009061026
849535LV00006B/1797